⦿ **사진 제공**
국립공주박물관, 국립중앙박물관, 국립청주박물관

교과서 속 역사 이야기
그림으로 보는 한국사 ❶

개정판 1쇄 발행 2022년 3월 10일
개정판 12쇄 발행 2025년 10월 30일

글 최종순 | **그림** 이경석 | **감수** 역사와 사회과를 연구하는 초등 교사 모임

발행인 오형석
편집장 이미현 | **편집** 정은혜 | **디자인** 이희승
발행처 (주)계림북스
신고번호 제2012-000204호 | **등록일자** 2000년 5월 22일
주소 서울시 마포구 창전로 74 여촌빌딩 3층
대표전화 (02)7079-900 | **팩스** (02)7079-956
도서문의 (02)7079-913
홈페이지 www.kyelimbook.com

ⓒ계림북스, 2022
이 책에 실린 글과 그림, 사진의 무단 전재나 복제를 금합니다.

ISBN 978-89-533-3432-8 74900 | 978-89-533-3431-1(세트)

그림으로 보는 한국사 1

교과서 속 역사 이야기

글 최종순 | 그림 이경석 | 감수 역사와 사회과를 연구하는 초등 교사 모임

계림북스
kyelimbooks

감수의 말

역사 속으로 이제 발을 내딛는 어린이들을 위한 책!

　초등학교 5학년 교육 과정에 한국사 교육이 도입되면서 많은 학부모님과 학생들이 역사 학습에 큰 관심을 보이고 있습니다. 초등학교 저학년 때부터 읽을 만한 역사책을 찾는 눈길도 더욱 많아지고 있고요.

　그런데 도대체 왜 우리 아이들에게 역사를 알려 주어야 하는 걸까요? '역사를 배운다'는 것은 역사 그 자체를 배우는 것이기도 하지만, '역사를 통해 배우는 것'이기도 합니다. 과거를 들여다봄으로써 현재를 알고, 나아가 미래를 내다볼 수 있지요.

　하지만 저학년의 경우 의도적으로 역사를 교육하기란 쉽지 않습니다. 그 나이 때에는 '역사'라는 개념을 인식하기보다는 막연하게 옛것을 느끼는 정도이기 때문입니다. 따라서 저학년 어린이들에게는 스토리텔링으로 역사를 풀어내 마치 동화책을 읽듯이 쉽고 재미있게 역사책을 접하게 해 주는 것이 좋습니다. 실제로 교육 현장에 있다 보면 역사책을 좋아하는 아이들도 역사책이 '옛날이야기 읽듯 술술 읽히는 책이었으면 좋겠어요.'라고 이야기하곤 합니다.

　〈그림으로 보는 한국사〉 시리즈는 이러한 부모님들의 관심과 우리 아이들의 바람을 담아 만든 역사책이에요.

　이 책은 저학년 아이들의 눈높이에 맞는 내용을 적절한 분량의 글로 풀어내 아이들이 혼자서도 옛 이야기처럼 술술 재미있게 읽으면서 한국사의 흐름을 쉽게 정리할 수 있습니다.

역사적 사건을 콕 집어낸 재치 있는 그림에 사진 자료 및 역사 지도 등을 덧붙여 내용을 입체적으로 이해할 수도 있지요.

　또한 정치나 사회에만 치우치지 않고 옛날 사람들이 살던 모습, 풍속, 문화 등을 적절히 녹여 내 아이들이 역사란 나와 상관없는 먼 옛날의 이야기가 아닌, 자신과 관련된 친근한 이야기라는 것을 느낄 수 있을 것입니다.

　본문 중간중간에 마련된 코너인 '역사 배움터'에서는 더 깊이 알아 두면 좋은 내용들을 살펴볼 수 있으며, '역사 놀이터'에서는 재미있는 문제를 풀며 읽은 내용을 확인할 수 있습니다. 그리고 책의 끝장에 붙어 있는 연표를 통해 역사의 흐름을 한눈에 정리할 수 있어요.

　우리 아이들이 〈그림으로 보는 한국사〉를 읽고 우리 역사에 더욱더 관심을 갖고, 자신과 나라의 미래를 생각할 수 있는 아이로 성장하길 바랍니다.

역사와 사회과를 연구하는 초등 교사 모임

차례

선사 시대

- 두 발로 걷는 사람이 나타났어요 ········ 12
- 얼었다 녹았다, 날씨가 변했어요 ········ 13
- 구석기 시대가 시작됐어요! ········ 14
  - 처음으로 불을 사용했어요
  - 나뭇잎이나 동물 가죽으로 옷을 만들었어요
  - 사람들의 보금자리, 동굴
- 돌을 떼어 만든 도구, 뗀석기 ········ 18
- 죽은 사람에게 꽃을 뿌려 주었어요 ········ 20
- 신석기 시대가 열렸어요! ········ 21
- 논밭을 일구고 집을 짓고 살았어요 ········ 22
  - 농사를 짓기 시작했어요
  - 가축을 길렀어요
  - 실로 만든 옷, 뼈로 만든 장신구
  - 한곳에 집을 짓고 살았어요
- 같은 핏줄끼리 마을을 이루었어요 ········ 28
- 돌을 갈아 만든 도구, 간석기 ········ 30
- 흙으로 만든 그릇, 빗살무늬 토기 ········ 32
- 소망과 믿음을 표현한 사람들 ········ 34
  - 자연물에 영혼이 있다고 믿었어요
  - 죽은 사람을 묻어 주었어요
  - 소망을 담은 바위그림

역사 배움터 ········ 38
구석기? 신석기? 시대의 이름은 어떻게 정할까요?

- 청동기 시대가 시작됐어요! ········ 40
- 농사가 발달해 생활 모습이 달라졌어요 ········ 42
  - 벼농사가 시작되었어요
  - 식량이 늘어나자 재산이 생겼어요
  - 우두머리가 생겨났어요
  - 신분에 따라 입는 옷이 달라요
  - 집도 커지고, 마을도 커지고!
- 부족도 다스리고, 제사도 드리고 ········ 48
- 지배자만 가질 수 있는 청동기 ········ 50

역사 배움터 ········ 52
비파형 동검과 세형 동검, 구석구석 들여다보기

- 더욱더 정교해진 도구들 ········ 54
  - 여전히 간석기를 많이 사용했어요
  - 무늬가 없는 그릇을 만들었어요
- 족장의 힘을 보여 주는 고인돌 ········ 56

역사 놀이터 잘못된 부분 찾기 ········ 58

고조선과 여러 나라들

- 고조선 신화 속 단군왕검 ········· 62
  - 환웅과 곰이 만나 단군왕검을 낳았어요
  - 제사도 지내고 나라도 다스린 단군왕검

역사 배움터 ················· 66
단군 신화에 숨겨진 비밀이 있다고요?

- 고조선 사람들의 삶의 모습 ········· 68
  - 법을 지키며 살았어요
  - 지배자는 비단옷에 꾸미개, 백성은 삼베옷
  - 다양한 요리를 해 먹었어요

- 철기 문화를 받아들인 고조선 ········ 72
  - 고조선에 꽃핀 철기 문화
  - 단단하고 날카로운 철기

- 위만이 고조선의 새로운 왕이 되었어요 ···· 76
  - 위만이 왕의 자리를 탐냈어요
  - 고조선의 힘을 키운 위만

- 역사 속으로 사라진 고조선 ········· 79

- 뿔뿔이 흩어진 고조선 사람들 ······· 80

- 우리 역사의 뿌리, 부여 ··········· 82
  - 우리 겨레의 두 번째 나라
  - 제사를 드리고, 축제도 열고!
  - 윷놀이를 즐긴 부여 사람들

- 동쪽에 옥저와 동예가 세워졌어요 ····· 86
  - 결혼 풍습이 독특한 옥저
  - 다른 마을을 침범하면 벌을 받는 동예

- 남쪽에 삼한이 세워졌어요 ········· 88
  - 작은 나라들이 모여 마한, 변한, 진한이 되었어요
  - 땅 좋은 삼한
  - 삼베와 철 좋은 변한

역사 놀이터 바르게 연결하기 ········ 92

고구려

- **고구려가 세워졌어요!** ·········· 96
  - 알을 낳은 유화 부인
  - 알에서 태어난 주몽
  - 부여에서 도망친 주몽
  - 주몽이 고구려를 세웠어요
- **두 번째 왕이 된 유리** ·········· 102
- **나라의 힘을 키운 고구려의 왕들** ·········· 104
  - 옥저와 동예도 손안에 넣은 태조왕
  - 가난한 백성을 위해 진대법을 만든 고국천왕
  - 위나라를 물리친 동천왕
  - 남쪽으로 눈을 돌린 고국원왕
  - 고구려 발전의 밑거름이 된 소수림왕
  - 가장 넓은 땅을 차지한 광개토대왕
  - 고구려를 최고의 나라로! 장수왕
- **고구려 사람들이 사는 법** ·········· 116
  - 저고리와 바지는 기본!
  - 찧고, 끓이고, 절여 먹었어요
  - 백성은 초가집, 귀족은 기와집
- **사람이 죽은 뒤에도 행복하길 빌었어요** ·········· 122

역사 배움터 ·········· 124
고구려 무덤 벽화를 보면 고구려가 보여요!

- **다른 나라와 문화를 나눈 고구려** ·········· 126
- **고구려의 힘이 점점 약해졌어요** ·········· 128

역사 배움터 ·········· 130
'바보 온달'에 숨어 있는 역사 이야기

- **고구려와 수나라의 한판 싸움** ·········· 132
  - 고구려에 쳐들어온 수나라
  - 수나라의 두 번째 공격!
  - 살수에서 무너진 수나라 군대, 살수대첩
- **고구려와 당나라의 밀고 당기기** ·········· 136
  - 새로운 세력, 당나라가 등장했어요
  - 권력을 잡은 연개소문
  - 신라의 김춘추가 연개소문을 찾아왔어요
  - 당나라를 물리친 안시성 싸움
- **고구려가 무너졌어요** ·········· 141
- **여기저기 흩어진 고구려 사람들** ·········· 142

역사 놀이터 숨은 그림 찾기 ·········· 144

백제

- 백제가 등장했어요! ····· 148
  - 소서노의 아들, 비류와 온조
  - 비류의 나라가 힘을 잃었어요
  - 온조가 한강 주변에 세운 나라, 백제
- 도읍지인 위례성에 쌓은 두 개의 성 ····· 152
- 백제 사람들의 생활 모습 ····· 154
- 나라의 힘을 키우기 위한 왕들의 노력 ····· 156
  - 백제의 힘을 키운 고이왕
  - 백제의 전성기를 연 근초고왕
- 서해 바닷길은 백제의 것! ····· 160
  - 바닷길을 통해 중국과 왜에 진출했어요
  - 백제는 왜의 선생님!
- 백제에 위기가 닥쳤어요! ····· 164
  - 한강 지역을 빼앗긴 백제
  - 신라와 손을 잡은 백제
  - 도읍지마저 빼앗겼어요!
- 다시 일어선 백제 ····· 168
  - 백제의 새로운 도읍지, 웅진
  - 백제를 다시 일으켜 세운 무령왕

역사 배움터 ····· 170
무령왕릉 한눈에 들여다보기

- 또 한 번의 영광을 꿈꾸는 백제 ····· 172
- 백제가 남긴 빛나는 문화 ····· 174
  - 일본에 전해진 정림사지 오층석탑
  - 백제의 미소, 서산마애삼존불상
  - 백제의 혼이 깃든 금동대향로
- 백제와 신라의 관계가 깨졌어요 ····· 177
  - 한강을 빼앗긴 성왕
  - 성왕의 원수를 갚은 무왕
  - 당나라와 손잡고 백제를 공격한 신라
- 백제에 드리운 마지막 기운 ····· 180

역사 놀이터 다른 그림 찾기 ····· 182

역사 놀이터 정답 ····· 184

〈부록〉 한국사 연표

지구가 처음 태어났을 때를 상상해 본 적이 있나요?
지구는 처음에 너무나 뜨거워서 아무도 살 수 없었어요.
하지만 긴 시간이 흐르면서 여러분의 할아버지의 할아버지의
할아버지의 할아버지…… 즉, 우리의 조상이 태어났어요.
이들은 아주아주 먼 옛날부터 변해 가는 자연에 맞추어 생활하며,
자신들만의 도구와 문화를 만들어 냈답니다.
그럼, 맨 처음 조상들의 삶이 펼쳐진 **선사 시대**로 함께 들어가 볼까요?

두 발로 걷는 사람이 나타났어요

까마득한 옛날, 아프리카의 남쪽 지방에 두 발로 걷는
사람들이 나타났어요. 바로 오스트랄로피테쿠스예요.
원숭이와 꼭 닮은 이 사람들은 처음에는 네 발로 걷더니
점차 두 팔을 아래로 축 늘어뜨린 채 구부정하게 걸어 다녔어요.
그리고 시간이 지나면서 지금 우리의 모습과 점점 비슷해졌어요.

구석기 시대

얼었다 녹았다, 날씨가 변했어요

까마득한 옛날 지구의 날씨는 여러 차례 크게 달라졌어요.
지구의 많은 지역이 꽁꽁 얼어붙는 빙하기가 주기적으로 찾아왔고,
날씨가 따뜻한 간빙기가 되면 얼음이 녹아내려 바다의 높이가
높아지기도 했어요.
이러한 날씨가 반복되면서 한반도의 땅 모양도 바뀌었지요.

★**간빙기** 빙하기 사이에 기온이 높아져 따뜻해진 시기예요.

구석기 시대가 시작됐어요!

처음으로 불을 사용했어요

사람들은 산과 들로 다니며 나무 열매를
따 먹거나, 나물이나 뿌리를 캐서 먹었어요.
강이나 바다에 나가 물고기도 잡고,
짐승을 사냥해 고기도 얻었고요.
불을 사용하면서부터는 날것으로 먹던
물고기나 고기를 맛있게 익혀 먹었고,
추위와 짐승으로부터 몸도 보호했어요.

구석기 시대

나뭇잎이나 동물 가죽으로 옷을 만들었어요

구석기 시대 사람들은 알몸으로 생활했어요.
그러다 보니 사냥을 하거나 나무 열매를 딸 때
여기저기 다치기 일쑤였어요.
겨울이 오면 추위에 덜덜 떨기도 했지요.
그래서 나뭇잎이나 풀을 엮어 옷을 만들기 시작했어요.
추운 날에는 짐승의 가죽이나 털로 옷을 만들어 입었어요.

사람들의 보금자리, 동굴

구석기 시대에는 여러 가족들이 모여 살았어요.
살던 곳에 먹을 것이 떨어지면 먹을거리를 구하기 위해
이곳저곳으로 옮겨 다녔지요.
따라서 한곳에 터를 잡거나 집을 지을 필요가 없었어요.
하지만 그들에게도 무서운 짐승이나 비바람으로부터 몸을 지키면서
밤에는 잠을 자고, 밥 먹고, 쉬고, 사냥 도구도 만들 수 있는
소중한 보금자리가 필요했어요.

구석기 시대

새기개

그래서 선택한 곳이 바로 동굴이나 커다란 바위 그늘이에요.
자연적으로 생겨난 공간을 지혜롭게 활용한 것이지요.
사람들은 좀 더 안전하고 큰 동굴을 찾아다녔어요.
동굴에서 머무는 시간에는 동굴 벽에 그림을 그리기도 했어요.
'사냥이 잘되었으면……' 하는 간절한 소망을 담아 들소, 사슴, 염소 같은
사냥감들을 그렸어요.

돌을 떼어 만든 도구, 뗀석기

70만 년 전쯤부터 한반도에 사람들이 살기 시작했어요.
두 발로 서면서 손으로 무언가를 만지고, 쥐는 등
두 손을 자유롭게 쓸 수 있게 된 이들은 시간이 지나자
주변에서 쉽게 구할 수 있는 돌이나 나뭇가지, 동물 뼈 등을
이용해 도구를 만들기도 했어요.
도구를 만들면서 먹을 것을 좀 더 쉽게 구하게 되었지요.

주먹 도끼
슴베찌르개
찍개

구석기 시대

주로 돌을 깨뜨리거나 떼어 내서 도구를 만들었는데,
이러한 방법으로 만든 돌 도구를 '뗀석기'라고 해요.
사람들은 여러 가지 모양과 쓰임새의 뗀석기를 만들었어요.
그중에는 사냥을 하거나 짐승의 털과 가죽을 벗겨 내는 데 쓰인 주먹 도끼,
사냥할 때 창이나 화살에 꽂아서 쓰던 슴베찌르개가 있어요.
찍개는 나무를 자르거나 짐승을 잡을 때, 긁개는 나무나 가죽을
손질할 때 주로 썼어요.

너 자꾸 긁개로 면도할래?

긁개

구석기 시대

죽은 사람에게 꽃을 뿌려 주었어요

어느 날, 한 동굴에 살던 어린 아이가 세상을 떠나고 말았어요.
아이의 아빠, 엄마와 가족들은 몹시 슬펐지요.
가족들은 동굴 속에 아이를 묻어 주고,
더 좋은 곳으로 가기를 바라며 아이 주변에 꽃을 놓아 둔 뒤
고운 흙가루를 뿌렸어요.

★**흥수 아이** 충청북도의 두루봉 동굴에서 이 아이의 유골이 발견되었어요.
처음 발견한 김흥수 씨의 이름을 따서 흥수 아이라고 불러요.

신석기 시대가 열렸어요!

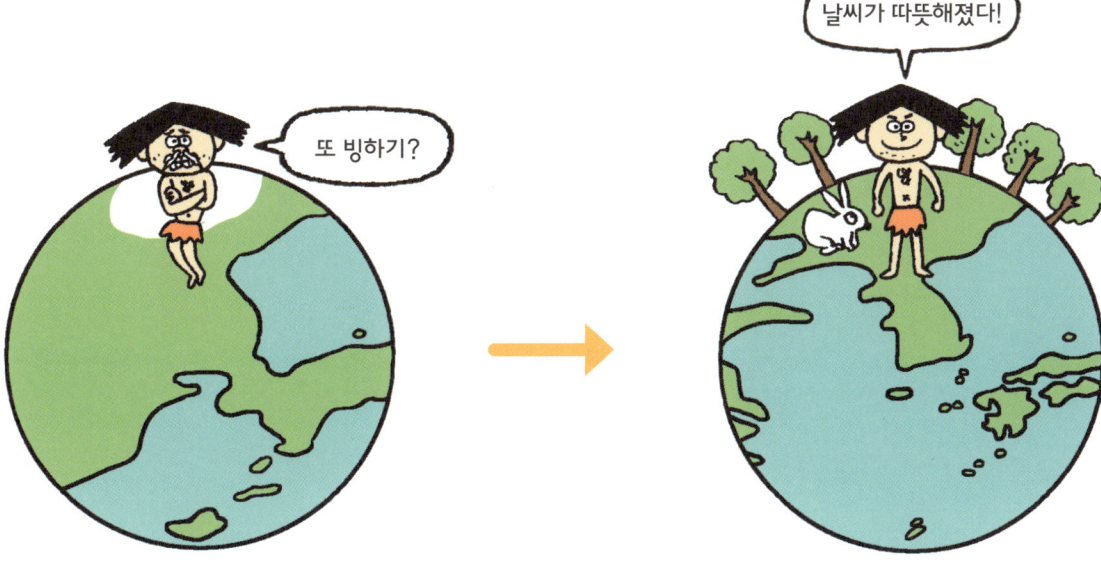

구석기 시대에 다시 찾아온 추위는 지구를 또 한 번 꽁꽁 얼렸어요.
하지만 1만 년 전, 날씨가 따뜻해지면서 땅을 뒤덮고 있던
얼음이 녹아내렸어요.
산에는 잎이 넓은 나무가 많아졌고, 사슴, 노루, 토끼, 멧돼지 등
몸집이 작고 날쌘 동물들이 더 늘어났어요.
강과 바다의 물이 불어나고 사계절도 뚜렷해졌지요.
이전과는 다른 새로운 시대, 바로 신석기 시대가 열린 거예요.

논밭을 일구고 집을 짓고 살았어요

농사를 짓기 시작했어요

새로운 환경에서도 사람들은 여전히 열매와 뿌리를 캐고,
물고기와 짐승을 잡아먹었어요.
그러던 어느 날, 씨앗이 떨어진 곳에서 새싹이 돋아나고
나무에 열매가 주렁주렁 열렸어요.
그것을 본 사람들은 논밭을 일구어 농사를 짓기 시작했지요.
주로 심고 거둔 곡식은 조, 피, 기장, 콩 같은 것들이었어요.
거두어들이는 농작물의 양이 늘어나 곡식을 저장하면서부터는
겨울에 추위가 닥쳐도 굶는 일이 줄어들었답니다.

신석기 시대

가축을 길렀어요

사냥해 온 짐승들은 죽이지 않고
우리에 가두어 기르며 고기를 얻었어요.
추운 겨울이나 날씨가 궂을 때는 사냥을 할 수가 없으니
미리 준비해 놓은 거예요.
또 사냥을 나가면 종종 짐승으로부터
공격을 당해 다치기도 했는데,
가축을 길러 고기를 얻게 되니
그러한 위험도 줄어들었지요.

실로 만든 옷, 뼈로 만든 장신구

사람들은 더 이상 나뭇잎으로 옷을 해 입지 않았어요. 삼나무 같은 식물의 껍질에서 실을 뽑는 방법을 알아냈거든요.

가락바퀴의 가운데에 난 구멍에 나무 막대를 끼우고 돌리면 도는 힘에 의해 가늘게 쪼갠 껍질들이 꼬여 실이 되는 거예요. 그런 다음 베틀로 옷감을 짜고, 뼈로 만든 바늘로 옷감끼리 잇고 꿰매서 옷을 만들었지요.

신석기 시대

생활에 여유가 생기자 사람들은 점차 짐승의 뼈나 이빨, 조개껍데기 등을 이용해 목걸이, 팔찌, 발찌와 같은 장신구를 만들어서 한껏 멋을 부렸어요.

한곳에 집을 짓고 살았어요

씨앗을 뿌리고 열매가 익기를 기다렸다가 곡식을 거두기까지는
1년 가까이 걸려요.
그래서 사람들은 농사를 짓기 시작하면서부터 이곳저곳을
떠돌지 않고 한곳에 모여 살았어요.
농사짓기에 편하고, 고기잡이도 쉬운 강가나 바닷가에
집터를 잡았지요.

집을 지을 때는 먼저 땅을 파서 단단하게 다졌어요.

땅을 파서 집을 지으면 여름에는 서늘하고 겨울에는 따뜻하거든요.

그런 다음 나무 기둥을 세우고 나뭇가지나 억새풀로 지붕을 엮었어요.

이러한 집을 '움집'이라고 해요.

집 한가운데에는 화덕을 마련해 불을 피워 음식을 하고,

집 안의 공기도 따뜻하게 데웠어요.

같은 핏줄끼리 마을을 이루었어요

신석기 시대는 농사를 짓고 한곳에 모여 살면서 자연스럽게
같은 핏줄끼리 마을을 이루는 씨족 사회였어요.
결혼은 서로 다른 씨족끼리만 가능했어요.
그렇게 여러 씨족이 모여 더 큰 공동체를 이루었지요.
그런데 여럿이 모여 살다 보니 서로 다투기도 했어요.
사람들은 그럴 때 가장 지혜로운 어른을 찾아갔고,
그가 마을의 대표가 되었어요.

신석기 시대

사람들은 모두 평등한 대우를 받으며 살았어요.
혼자서는 농사를 지을 수 없으니 함께 힘을 모았고
거둔 곡식도 똑같이 나누어 가졌지요.
또 사나운 짐승의 공격을 막으려면 모두가 힘을 모아야
했기 때문에 평등한 사회였던 거예요.

돌을 갈아 만든 도구, 간석기

다양한 쓰임새의 뗀석기를 만들면서 돌로 도구를
만드는 기술도 나날이 발전했어요.
거친 돌을 갈아서 훨씬 더 날카롭게 만들었지요.
그러자 고기를 자르고, 농사를 짓기가 더욱 수월해졌어요.

창
돌괭이
갈돌과 갈판

흙으로 만든 그릇, 빗살무늬 토기

농사지어 거두어들이는 곡식이 많아지자, 그것들을 담아 둘 그릇이 필요했어요.

어느 날, 불을 피운 자리에 있던 흙이 단단하게 굳는 것을 본 사람들은 흙을 빚어 불에 구워 단단한 그릇을 만들기 시작했어요.

그 그릇에 음식을 끓여 먹거나, 남은 음식을 저장하기도 했지요.

그릇을 구울 때는 겉면에 빗살무늬를 새겨 넣었어요.
그렇게 하면 그릇이 갈라지지 않기 때문이에요.
빗살무늬를 새겨 구운 그릇을 '빗살무늬 토기'라고 해요.
밑바닥을 뾰족하게 만들어 강가나 바닷가의 모래밭에
꽂아서 쓰기도 하고, 구멍을 뚫은 다음 끈으로 묶어서
벽에 걸어 두기도 했어요.

빗살무늬 토기

소망과 믿음을 표현한 사람들

자연물에 영혼이 있다고 믿었어요

신석기 시대 사람들은 자연물에도 영혼이 있다고 믿었어요.
또 호랑이나 곰 같은 동물이 자신들의 조상이라고 믿으면서
농사가 잘되어 곡식을 많이 거두게 해 달라고 빌었어요.
가뭄이 오래 이어지면 하늘에 제사를 지내기도 했지요.
농사를 짓는 데 가장 중요한 것은 물이었으니까요.

죽은 사람을 묻어 주었어요

누군가 세상을 떠나면 땅을 파서 묻은 다음 흙과 자갈을
덮어 무덤을 만들어 주었어요.
죽은 사람의 몸에는 목걸이와 팔찌, 발찌 등을 채우고
그 사람이 쓰던 간석기나 토기 등을 함께 묻어 주었지요.
더 좋은 세상에서 행복하고 풍요롭게 살기를 바라는 마음을 담은 거예요.

소망을 담은 바위그림

신석기 시대 사람들은 자신의 소망을 담아 동굴 벽이나
큰 바위에 멋진 그림을 그렸어요.
울산 반구대 암각화에는 하늘을 향해 오르는 고래 떼, 거북, 물개,
물새 같은 바다 동물과 함께 새끼를 밴 사슴, 멧돼지, 호랑이,
여우 등의 육지 동물이 새겨져 있지요.
춤추는 남자와 활을 든 사냥꾼도 보이고요.

신석기 시대

이러한 그림들 속에는 사냥과 고기잡이가
잘되기를 바라는 신석기 시대 사람들의
소망이 가득 담겨 있어요.
또 아기를 많이 낳아 자손이 늘어나고,
편안하게 살고 싶은 미래의 꿈도
들어 있지요.

이번에는 고래를
많이 잡게 해 주세요.

울산 반구대 암각화

구석기? 신석기?
시대의 이름은 어떻게 정할까요?

앞에서 구석기 시대와 신석기 시대를 살펴보았어요.
그런데 왜 시대에 '구석기', '신석기'라는 이름이 붙은 것일까요?
그리고 왜 이러한 시대들을 아울러 '선사 시대'라고 부를까요?
선사 시대는 기록으로 남아 있지 않은 시대를 뜻해요.
인간이 처음 나타난 때부터 문자가 만들어져 역사를 기록하기 바로 전까지를 가리키지요.
반대로, 문자가 생겨나 기록으로 남아 있는 시대는 역사 시대라고 해요.

▲선사 시대 　　　　　　　　　　▲역사 시대

수백만 년에 이르는 인류 역사의 대부분은 선사 시대예요.
이 기나긴 선사 시대는 또다시 몇 개의 시대로 나눌 수 있어요.
그 기준은 바로, 사람들이 사용한 도구랍니다.

처음에 사람들은 돌을 깨뜨리고 떼어 내어 도구를 만들었지요?
이렇게 만든 뗀석기는 거칠고 투박했어요.

▼구석기 시대

▼신석기 시대

긴 시간이 흐른 뒤 사람들은 돌을 갈아 날을 세우기 시작했어요.
이렇게 만든 간석기는 뗀석기보다 정교하고 세련되었지요.

그래서 뗀석기를 사용한 시대를 '옛 구(舊)' 자를 써서 **구석기 시대**,
그 뒤 간석기를 사용한 시대는 '새 신(新)' 자를 써서 **신석기 시대**라고
부르는 거예요.

청동기 시대가 시작됐어요!

한 마을에 사는 청둥이라는 청년이 불을 피울 때였어요.
별안간 불 가까이에 있던 돌 하나가 녹기 시작했어요.
놀라서 급하게 불을 끄니, 이윽고 다시 굳어 버렸지요.
만져 보니 굳어도 별로 딱딱하지가 않은 게 참 신기했어요.
그것은 돌이 아닌 '구리'라는 금속이었답니다.
사람들은 이 새로운 물질에 관심을 가지고 녹여 보기도 하고,
다른 물질과 섞어 보기도 했어요.

거푸집

청동기 시대

그런데 구리에 '주석'이라는 금속을 섞으니 아주 단단해졌어요.
그렇게 만들어진 금속이 바로 '청동'이에요.
사람들은 청동을 이용해 도구를 발명하기 시작했어요.
이제 '청동기 시대'가 열린 거예요.

농사가 발달해 생활 모습이 달라졌어요

벼농사가 시작되었어요

청동기 시대에 들어서면서 사람의 수가 더 늘어났어요.
그러자 사람들은 어떻게 하면 곡식을 더 많이 거둘 수 있을까
큰 고민에 빠졌어요.
그리고 마침내 논에 물을 끌어다가 가두는 방법을 알아냈고,
본격적으로 벼농사를 짓기 시작했어요.
재배하는 곡식도 다양해졌고요.
시간이 흐를수록 농기구와 농사짓는 기술이 날로 좋아졌지요.

청동기 시대

식량이 늘어나자 재산이 생겼어요

농기구와 농사짓는 기술이 발달하자,
농사지을 땅이 늘어나고 거두는 식량도
차츰차츰 늘어났어요. 당연히 먹고 남는 곡식도 많아졌지요.
그런데 먹을 것을 평등하게 나누던 신석기 시대와 달리, 청동기 시대에는
자기 땅에서 농사를 지어 얻은 곡식은 자신의 재산이 되었어요.
그렇다 보니 자연스럽게 많이 가진 사람과
적게 가진 사람이 생겨났지요.

우두머리가 생겨났어요

재산이 생겨나자 남들보다 많이 가지고 힘이 센 사람,

아는 것도 경험도 많은 사람이 부족의 우두머리가 되었어요.

이들을 족장이라고 해요.

족장들은 자기 자신을 하늘의 자손이라고 믿었어요.

그래서 하늘의 뜻에 따라 부족을 다스렸지요.

다스리는 사람과 다스림을 받는 사람,

이렇게 사람들 사이에 계급★이 생겨났답니다.

★**계급** 사회나 단체 안에서 한 사람이 갖는 위치의 단계를 말해요.

청동기 시대

신분에 따라 입는 옷이 달라요

계급이 생기면서 지위와 재산에 따라 사람들 사이에
차별이 생겨났어요.
사람들은 옷으로 자신의 지위를 나타내기 시작했어요.
신분이 낮은 일반 백성들은 삼베옷을 입고,
부자들은 비단과 가죽옷을 입었지요.
또 부자들은 청동으로 만든 장식을
옷에 달아 꾸미기도 했어요.

집도 커지고, 마을도 커지고!

청동기 시대에는 같은 부족끼리 모여 마을을 이루고 살았어요.
힘이 세고 가진 것이 많은 부족일수록 마을의 크기도 컸어요.
신석기 시대에 비해 움집의 크기도 더 커졌는데,
마을에서 가장 크고 좋은 집은 족장네 집이었지요.

마을은 뒤로는 산을 끼고 앞으로는 하천이 흐르는
야트막한 언덕에 자리를 잡아 주변이 한눈에 내려다보였어요.
마을 주변에는 나무로 만든 울타리를 여러 겹으로 치고
도랑을 파서 다른 부족이나 짐승들이 쉽게
쳐들어오지 못하게 했어요.

부족도 다스리고, 제사도 드리고

족장은 부족을 다스리면서 하늘에 제사를 지냈어요.
그는 햇빛을 받아 번쩍이는 청동 거울을 목에 걸고,
청동 방울을 요란하게 흔들며, 청동검을 허리에 차고
제사를 올렸어요.
사람들은 족장을 하늘이 선택한 특별한 존재라고 믿었어요.
그리고 그가 지닌 청동 도구에 신비한 힘이 있다고 생각했지요.
정치와 제사, 두 가지 역할을 맡았던 족장의 힘은
나날이 커졌어요.

지배자만 가질 수 있는 청동기

청동으로 무언가를 만드는 일은 무척 어려웠어요.
시간이 오래 걸리는 데다가 구리와 주석을 구하는 일도
쉽지가 않았거든요.
그렇다 보니 재산이 많고 힘 있는 지배자들만
청동기를 가질 수 있었지요.

비파형 동검

청동기 시대

청동기 시대에는 논밭이나 곡식, 물을 서로 더 많이
차지하기 위해 부족들끼리 싸웠어요.
부족을 지키고 부족의 힘을 키우려면 강한 무기가 필요했어요.
그래서 청동으로 무기를 만들기 시작했지요.
지배자들만 가질 수 있었던 청동검은 돌로 만든 무기와는
비교도 안 될 만큼 단단했어요.

비파형 동검과 세형 동검 구석구석 들여다보기

청동기 시대를 대표하는 유물 하면 맨 먼저 청동검이 떠올라요.
청동검은 청동기 시대 최고의 무기로, 그 자체로 지배자의 힘을 상징했다는 것, 기억하지요?
그런데 청동검에는 두 가지 형태가 있어요. 바로 **비파형 동검**과 **세형 동검**이에요.
비파형 동검은 모양이 중국의 악기인 비파처럼 생겨서 붙은 이름이에요. 아랫부분이 둥그스름하게 넓고 위가 좁아지지요. 비파형 동검이 출토된 지역을 보면 고조선이 세력을 뻗쳤던 지역과 많은 부분이 겹친답니다.

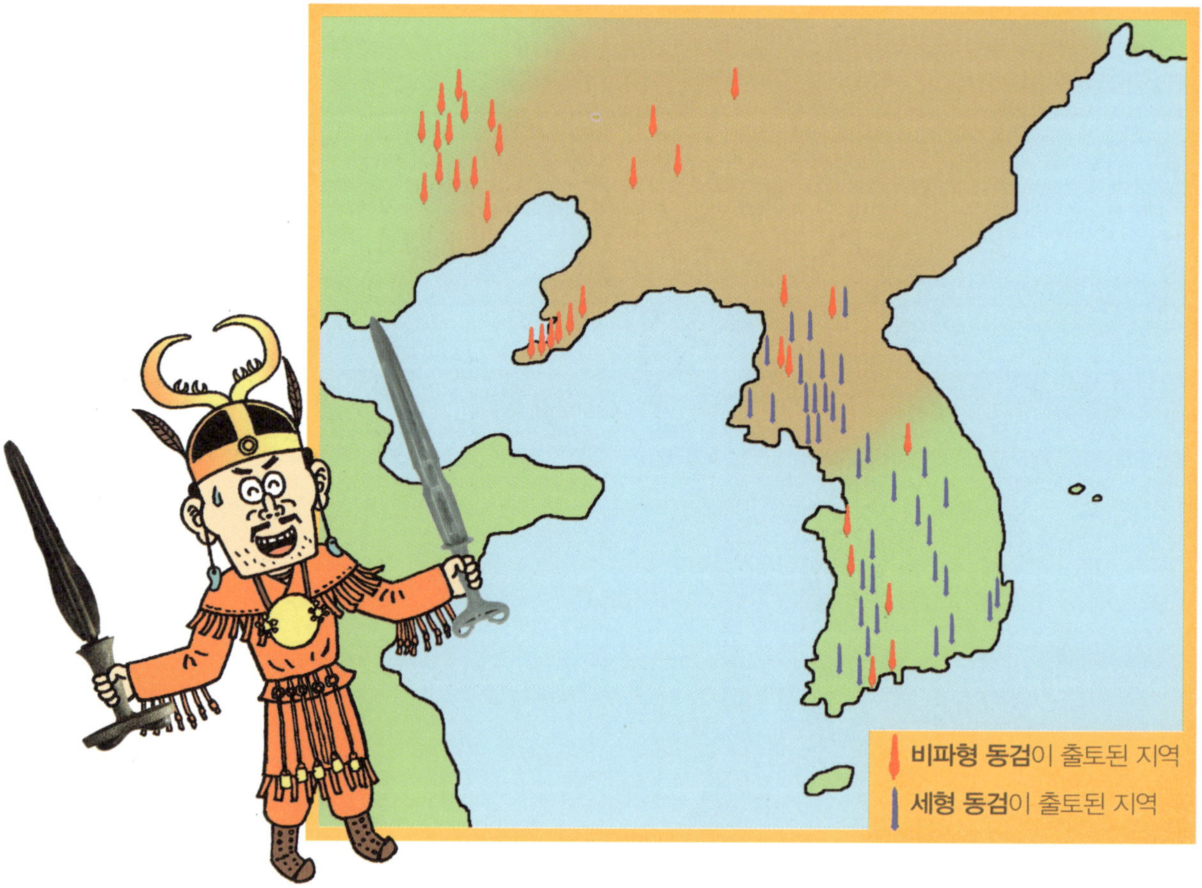

▼ 비파형 동검이 출토된 지역
▼ 세형 동검이 출토된 지역

세형 동검은 비파형 동검보다 훨씬 뒤에 만들어졌어요.
비파형 동검보다 가늘고 날카로우며
손잡이 부분에 이르러 오목하게 들어가 있지요.
그런데 세형 동검에는 특별한 장치가 있어요.
홈을 파 놓아 적을 찔렀을 때 홈으로 공기가 쉽게
들어가 피가 잘 흘러나오도록 한 것이에요.
따라서 공격할 때 매우 효과적이었지요.
이러한 세형 동검은 한반도에서만 발견되는
독특한 모양이어서 '한국형 청동검'이라고도 불려요.

비파형 동검과 세형 동검은 그 모양새는 다르지만,
조립해서 쓴다는 공통점이 있어요.
칼날과 손잡이를 따로 만들어 끼우는 것이지요.
그래서 처음부터 칼날과 손잡이를 하나의 몸체로 만든
중국의 청동검과 뚜렷하게 구분할 수 있답니다.

여기가 바로 피홈!

칼날 + 손잡이 = 완성!

더욱더 정교해진 도구들

여전히 간석기를 많이 사용했어요

청동기가 만들어졌지만, 그것은 지배자들만 가질 수 있었기 때문에
보통 사람들은 농사를 지을 때 여전히 간석기를 사용했어요.
신석기 시대보다 돌을 다루는 기술이 더욱더 발달해
간석기가 훨씬 정교해졌고, 쓰임새도 다양해졌지요.
특히 이삭을 벨 때 사용하던 반달 돌칼은 신석기 시대에 만들어져
청동기 시대에 활발하게 쓰였어요.

청동기 시대

민무늬 토기

무늬가 없는 그릇을 만들었어요

그릇을 만드는 기술도 점점 더 좋아졌어요.
땅 위에서 빗살무늬 토기를 구웠던 신석기 시대와 달리
청동기 시대에는 땅을 파서 가마를 만든 뒤 그 속에서 구웠거든요.
가마를 이용하면 굽다가 갈라질 염려가 없어요.
따라서 사람들은 더 이상 그릇에 무늬를 새기지 않았어요.
이렇게 아무 무늬가 없는 청동기 시대의 그릇을
'민무늬 토기'라고 불러요.

족장의 힘을 보여 주는 고인돌

청동기 시대 사람들도 누군가가 죽으면 무덤에 묻어 주었어요.
특히 족장의 무덤은 더 크고 화려하게 만들었지요.
커다란 받침돌을 괴고, 그 위에 거대한 덮개돌을 덮은
족장의 무덤을 '고인돌'이라고 해요.
그런데 이렇게 큰 돌을 옮기려면 수백 명의 사람이 필요했어요.
고인돌이 클수록 족장의 힘이 셌다는 것을 뜻해요.

청동기 시대

부족의 백성들은 고인돌 안에 죽은 족장과 함께 청동검, 돌칼, 돌화살촉, 장신구 등을 함께 묻었어요.
그런데 어떤 고인돌은 무덤이 아니라, 제사를 지내는 제단의 역할을 했을 거라고 짐작하는 사람들도 있어요.

청동기 시대에는 수많은 부족들이 청동 무기를 가지고
서로 전쟁을 벌였어요.
전쟁에서 이긴 부족은 점점 더 큰 집단으로 발전했고,
힘없는 부족들은 사라져 갔지요.
그러면서 우리 겨레의 첫 나라, **고조선**이 탄생했어요.
철로 만든 도구를 사용하면서 고조선의 힘은 더욱더 강해졌지요.
고조선이 어떻게 발전하고, 또 어떤 나라들이 새롭게 세워졌는지
함께 알아보아요.

고조선과 여러 나라들

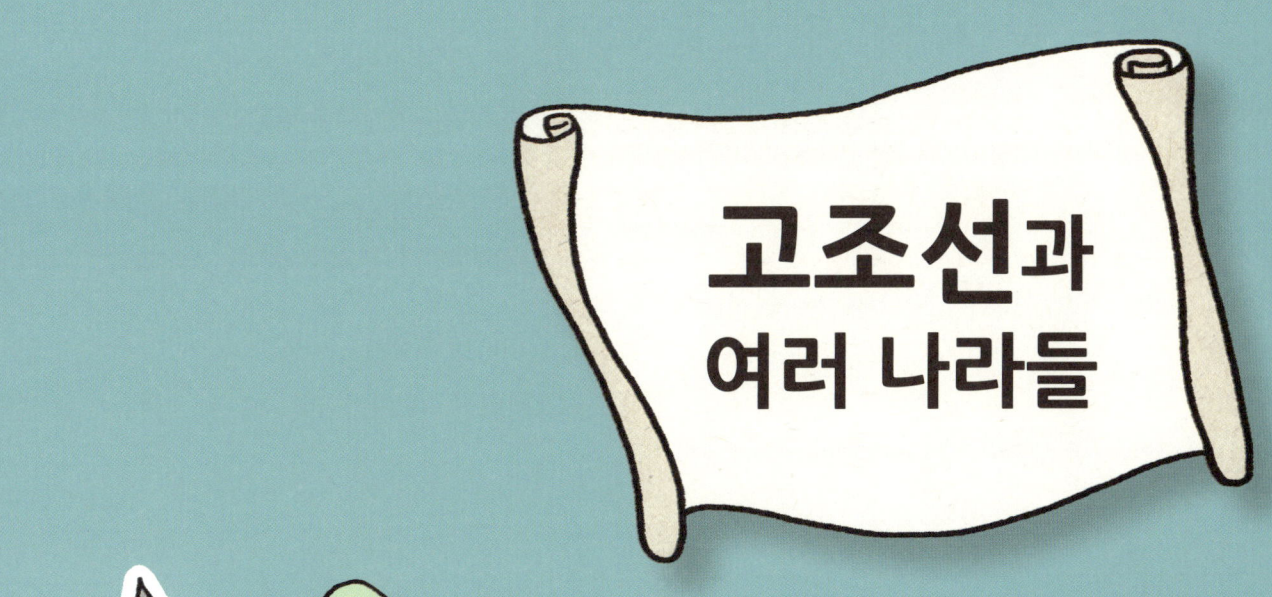

고조선 신화 속 단군왕검

환웅과 곰이 만나 단군왕검을 낳았어요

하늘 신의 아들인 환웅은 늘 땅을 굽어보며 인간 세상을 다스리고 싶어 했어요.
그러던 그가 마침내 비, 바람, 구름 신을 데리고 태백산으로 내려왔지요.
그런데 어느 날, 곰과 호랑이가 환웅을 찾아와서 말했어요.
"저희는 사람이 되고 싶어요. 사람이 되게 해 주세요."

아이, 좋아! 드디어 사람이 됐어!

고조선

그러자 환웅이 곰과 호랑이에게 쑥과 마늘을 주며 말했어요.
"100일 동안 이것만 먹고 햇빛도 보지 말거라."
곰과 호랑이는 동굴에 들어가 환웅의 말대로 했어요.
하지만 참다 못한 호랑이는 도망을 치고 말았지요.
끝까지 잘 견뎌 낸 곰은 여인이 되어 환웅과 결혼했고,
둘 사이에서 태어난 사람이 바로 '단군왕검'이에요.

제사도 지내고 나라도 다스린 단군왕검

무럭무럭 잘 자란 단군왕검은 청동기 문화를 바탕으로 나라를 세우고, 나라의 이름을 '고조선'이라고 불렀어요.

그런데 단군 신화★에 따르면 단군왕검은 무려 1,500년 동안이나 고조선을 다스렸어요.

어떻게 사람이 그렇게 오래 살 수 있느냐고요?

★**단군 신화** 단군왕검이 태어나 고조선을 세웠다는 내용의 신화예요.

고조선

단군왕검은 어느 한 사람의 이름이 아니에요.
단군은 하늘에 제사를 지내는 제사장을, 왕검은 나라를 다스리는
지배자를 뜻하는 말이지요.
즉, 단군왕검은 고조선 대대로 나라를 다스리며
제사도 지내던 지배자들을 통틀어 부르는 이름이에요.
1,500년 동안 40여 명의 단군왕검이 고조선을 다스렸다고 전해져요.

단군 신화에 숨겨진 비밀이 있다고요?

그런데 정말 하늘 신의 아들이 세상에 내려온 것일까요?
정말로 곰이 사람이 되어 단군 왕검을 낳은 것일까요?
과연 어디서부터 어디까지를 사실로 받아들여야 할까요?
하늘에서 내려왔다고 전해지는 환웅은 사실 고조선보다 발달한 다른 지역에서 온 사람이에요.

웅녀도 진짜 곰이 아니에요. 그 지역에서 오랫동안 곰을 숭배하며 살아온 사람들을 뜻하지요.

100일을 견디지 못하고 동굴에서 뛰쳐나간 호랑이는 호랑이를 신으로
섬기던 부족을 뜻해요. 사람이 되지 못했다는 것은 새로 들어온
부족들과 싸워서 졌다는 것을 말한답니다.

이렇듯 신화에는 당시 사람들이 살던 사회의 모습이 그대로 담겨 있어요.
그런데 왜 이런 신화가 만들어진 것일까요?
단군 신화는 고조선의 지배자들이 자신들은 하늘의 선택을 받았으며, 백성을 잘 다스리는 사람이라는 것을 알리기 위해 사실에 신비감을 보태 꾸민 이야기예요. 비록 역사적 사실은 아니지만, 단군 신화는 우리 민족이 위기에 빠질 때마다 이겨 내도록 힘을 주었답니다.

고조선 사람들의 삶의 모습

법을 지키며 살았어요

나라가 점차 커지고 사회가 복잡해지자 고조선의 지배자들은 여덟 가지의 엄격한 법인 '8조법'을 만들어 죄를 지은 사람에게 벌을 주었어요.

사람을 죽이면 사형을 당하고, 남을 다치게 하면 곡식으로 갚아야 하며, 남의 것을 훔치면 노비가 되거나 돈으로 물어 주어야 했지요.

이렇게 고조선은 질서가 바로잡힌 나라였어요.

지배자는 비단옷에 꾸미개, 백성은 삼베옷

고조선의 백성들은 삼베옷을 입었어요.
반면에 지배자들은 비단옷을 입었어요. 거기에 옥이나 비취로 만든
귀고리와 목걸이, 팔찌 같은 화려한 꾸미개로 장식을 했지요.
여자들은 머리카락을 땋아 머리 위에 얹는 등
머리를 꾸미는 데에 신경을 많이 썼어요.

다양한 요리를 해 먹었어요

힘이 센 지배자나 부자들은 쌀밥을 지어 먹었고, 백성들은 주로 조나 기장, 수수 같은 곡물로 밥이나 죽을 해 먹었어요.

사람들은 요리할 때 솥을 이용해 곡물을 끓이거나 삶는가 하면, 수증기로 음식을 익히는 시루를 사용하기도 했어요. 시루 덕분에 떡을 해서 먹기도 하고, 고기나 생선을 쪄서 찜으로 먹는 등 다양한 요리가 발달했지요.

고조선의 사람들은 요리에 소금을 사용하기 시작했어요.
소금으로 음식의 맛을 돋우고, 채소나 뿌리 식물을 소금에 절여 먹었지요.
여전히 짐승 고기와 물고기를 요리해 먹었고,
특별한 날에는 술도 담가 마셨답니다.
이전 시대보다 먹거리가 훨씬 풍부해졌지요.

철기 문화를 받아들인 고조선

고조선에 꽃핀 철기 문화

고조선은 하루가 다르게 힘을 키우며 세력을 떨쳤어요.
그리고 단군왕검을 '왕'이라고 부르기 시작했지요.
당시 중국은 한나라, 연나라, 제나라, 진나라 등 여러 나라로 나뉘어
끊임없이 서로 힘겨루기를 하고 있었어요.
그러자 전쟁을 피해 떠돌던 중국 사람들이 무리를 지어
고조선으로 건너왔어요.

고조선

고조선 사람들은 중국의 문화를 보고 들으며,
철을 다루는 기술도 익혔어요.
그때 중국은 한창 철기 문화를 꽃피우고 있었거든요.
청동보다 단단하고 가벼운 철로 만든 도구인 철기를
사용하면서 고조선에도 철기 문화가
싹트기 시작했어요.

73

단단하고 날카로운 철기

철은 청동보다 구하기도 쉬운 데다가 돌이나 청동보다 훨씬 단단하고, 날카롭게 만들 수 있어서 도구의 재료로 안성맞춤이었어요.

그래서 사람들은 고조선만의 방식으로 철을 다루고, 꼭 필요한 농사 도구나 무기들을 만들기 시작했어요.

고조선

쇠낫, 쇠도끼, 따비, 쇠스랑 같은 농사 도구들이 널리 퍼지면서 땅을 깊게 갈거나 거친 땅을 일구기가 쉬워져 곡식을 훨씬 더 많이 거두어들였어요.
또 예리한 빛을 번득이는 쇠뇌, 쇠창, 쇠칼 같은 무기 덕분에 다른 나라와의 전쟁에서 이기며 힘을 키울 수 있었답니다.

위만이 고조선의 새로운 왕이 되었어요

위만이 왕의 자리를 탐냈어요

한편 중국은 어지러운 시기가 계속되었어요.
그러다가 진나라가 중국을 통일했지만, 얼마 지나지 않아
한나라가 진나라를 물리치고 새롭게 세워졌지요.
그 과정에서 나라가 어지러워지자, 여러 무리들이 고조선으로 넘어왔어요.
그중에 위만이라는 사람이 있었어요.

고조선

당시 고조선을 다스리던 준왕은 지혜로운 위만이 마음에 쏙 들었어요.
그래서 높은 관직을 내리고 국경 부근의 땅을 다스리게 했지요.
백성들의 마음을 얻어 힘이 커진 위만은 차츰 왕의 자리가 탐났어요.
그래서 결국 자신의 군대를 모아 준왕을 몰아내고
고조선의 왕이 되었답니다.

고조선의 힘을 키운 위만

위만이 다스리던 고조선은 뛰어난 철기 문화를 바탕으로
점점 힘을 키우고 땅을 넓혀 갔어요.
위만의 손자인 우거왕은 주변 나라를 힘으로 누르고
무역을 독차지했고요.
고조선이 강력해지자 불안해진 중국의 한나라는 사신을 보내
자기네 나라를 섬기라며 고조선에 시비를 걸기 시작했어요.
하지만 고조선은 끝내 머리를 숙이지 않았지요.

고조선

역사 속으로 사라진 고조선

그 무렵 한나라 사신이 고조선의 장수를 죽이는 일이 벌어졌어요.
그러자 화가 난 우거왕이 한나라의 사신을 죽였고,
한나라는 이것을 빌미 삼아 고조선에 쳐들어왔어요.
고조선은 강력하게 저항하며 한나라를 크게 물리쳤어요.
하지만 시간이 흐를수록 전쟁은 한나라에 유리해졌지요.
고조선은 항복하지 않고 한나라 군대에 맞서 1년을 버텼지만,
결국 멸망하고 말았답니다.

뿔뿔이 흩어진 고조선 사람들

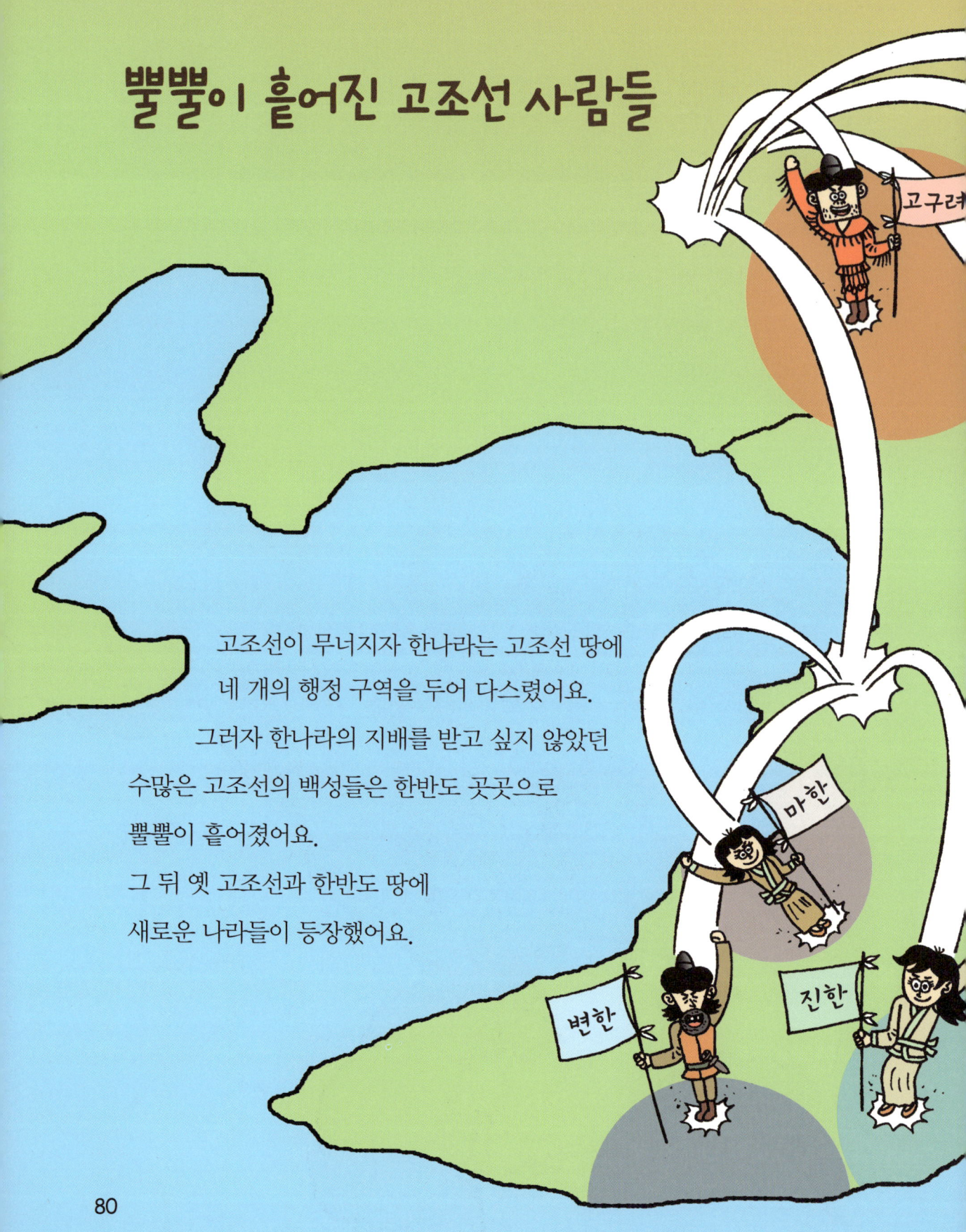

고조선이 무너지자 한나라는 고조선 땅에 네 개의 행정 구역을 두어 다스렸어요. 그러자 한나라의 지배를 받고 싶지 않았던 수많은 고조선의 백성들은 한반도 곳곳으로 뿔뿔이 흩어졌어요.
그 뒤 옛 고조선과 한반도 땅에 새로운 나라들이 등장했어요.

고조선

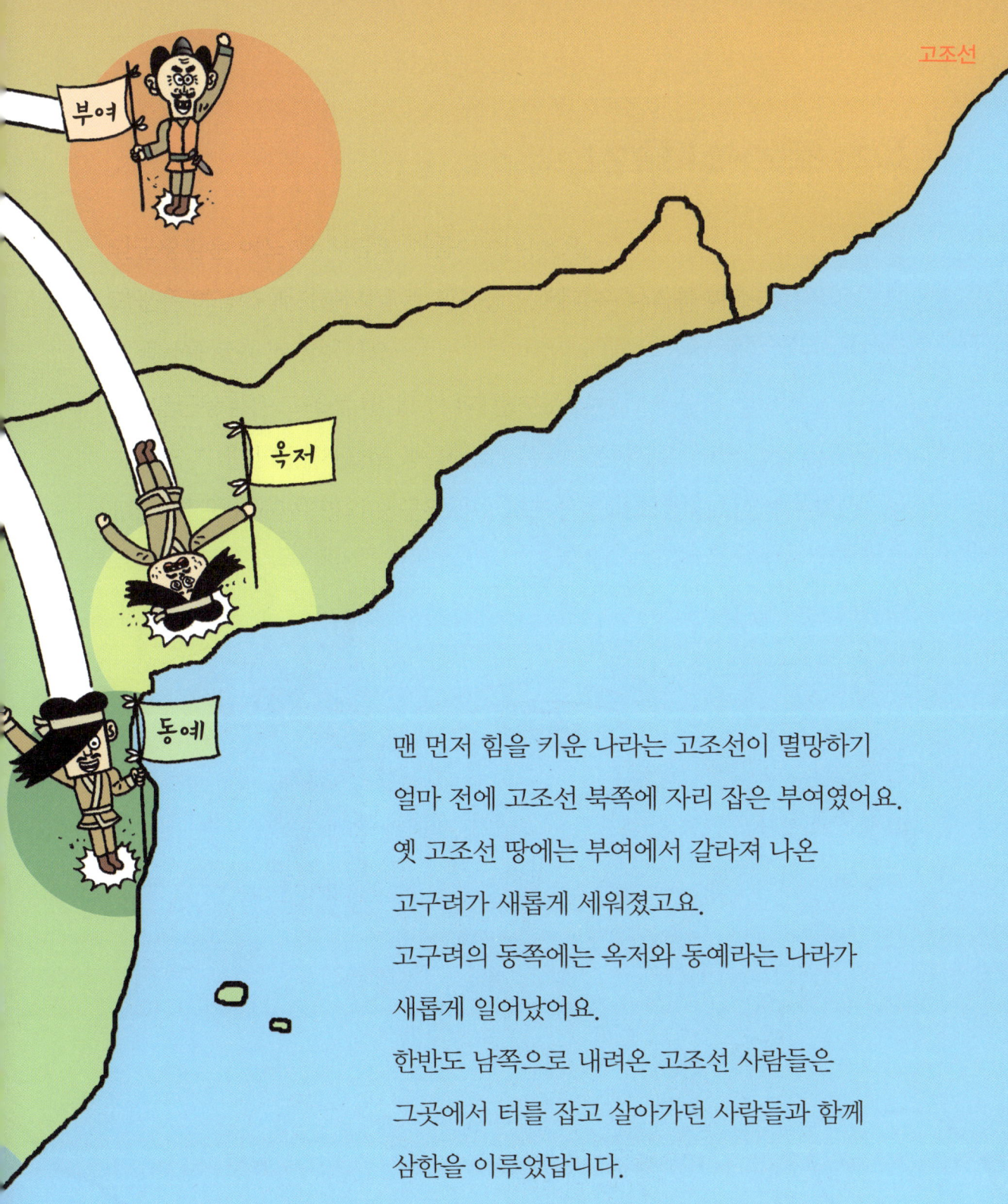

맨 먼저 힘을 키운 나라는 고조선이 멸망하기
얼마 전에 고조선 북쪽에 자리 잡은 부여였어요.
옛 고조선 땅에는 부여에서 갈라져 나온
고구려가 새롭게 세워졌고요.
고구려의 동쪽에는 옥저와 동예라는 나라가
새롭게 일어났어요.
한반도 남쪽으로 내려온 고조선 사람들은
그곳에서 터를 잡고 살아가던 사람들과 함께
삼한을 이루었답니다.

우리 역사의 뿌리, 부여

우리 겨레의 두 번째 나라

고조선 위쪽의 만주 땅 너른 벌판에 세워진
부여는 우리 겨레의 두 번째 나라랍니다.
고조선이 멸망할 무렵, 부여는 만주 일대에서
가장 힘센 나라였어요.
싸움에 진 적이 없을 정도라고 하지요.
부여에는 고조선과 마찬가지로
엄격한 법이 있었어요.
계급 또한 뚜렷했고요.
부여는 중국과도
활발하게 교류하며
오랫동안 친하게 지냈어요.

부여

부여는 다섯 부족이 힘을 합쳐 하나의 나라를 이룬 연맹 왕국이에요. 왕이 있지만 땅의 일부만 다스릴 수 있었지요. 네 개 부족의 족장들은 여전히 자신의 지역을 맡아 다스렸고, 왕을 뽑는 일처럼 나라의 중요한 일은 회의를 해서 결정했어요.

제사를 드리고, 축제도 열고!

부여에서는 1년에 한 번, 12월이 되면 모든 백성이 모여
하늘에 제사를 지냈어요.
한 해 농사를 마친 뒤 가을걷이한 것에 감사하는 의식을 치르고,
여러 날 동안 노래하고 춤을 추면서 축제를 즐겼지요.
이 축제를 '영고'라고 해요.
영고 때는 각 부족의 족장들이 모여 지난 한 해를 정리하며
나라의 중요한 문제를 토론하고
죄인을 풀어 주기도 했어요.

윷놀이를 즐긴 부여 사람들

우리가 설날에 즐기는 윷놀이가 시작된 곳이 바로 부여예요.

도, 개, 걸, 윷, 모는 마가, 우가, 저가, 구가라는

부여의 벼슬 이름에서 나온 것이지요.

그런데 이 벼슬 이름은 모두 동물의 이름을 딴 거예요.

집에서 기르는 가축을 매우 중요하게 여겼기 때문이랍니다.

동쪽에 옥저와 동예가 세워졌어요

결혼 풍습이 독특한 옥저

동쪽의 작은 나라 옥저에는
'민며느리'라는 독특한 결혼 풍습이
있었어요.
신랑의 집에서, 결혼을 약속한
여자아이를 데려가서 키운 뒤
며느리를 삼는 풍습이지요.
그런데 독특하게도 결혼할 나이가 되면
일단 여자의 집으로 돌려보낸 뒤 신랑 집에서
신부 집에 돈을 주고 다시 데려온답니다.

옥저와 동예

다른 마을을 침범하면 벌을 받는 동예

동예가 세워진 곳은 워낙 산이 많고 험한 지역이었어요.
그렇다 보니 다른 지역의 문물을 받아들이기가 어려웠어요.
마을끼리도 교류가 적어 다른 마을 사람들이 자기 마을에
드나드는 것을 싫어했지요.
그래서 마을마다 산이나 냇가로 경계를 정해 놓고, 허락 없이
다른 마을을 침범하면 노비가 되거나 말이나 소를 물어야 했어요.

남쪽에 삼한이 세워졌어요

작은 나라들이 모여 마한, 변한, 진한이 되었어요

앞에서 위만이 준왕을 내쫓고 고조선의 새로운 왕이 되었다고 했지요?
위만에게 밀려난 준왕은 일부 백성들을 데리고
한강 남쪽으로 내려와 그곳에 뿌리를 내렸어요.
시간이 흘러 고조선이 한나라와의 전쟁 끝에 멸망하자 뒤이어
많은 고조선 사람들이 남쪽으로 내려왔어요.
그곳에는 이미 80여 개의 작은 나라들이 있었지요.

좋았어.
여기, 한강 남쪽에
새로운 뿌리를
내리리라!

삼한

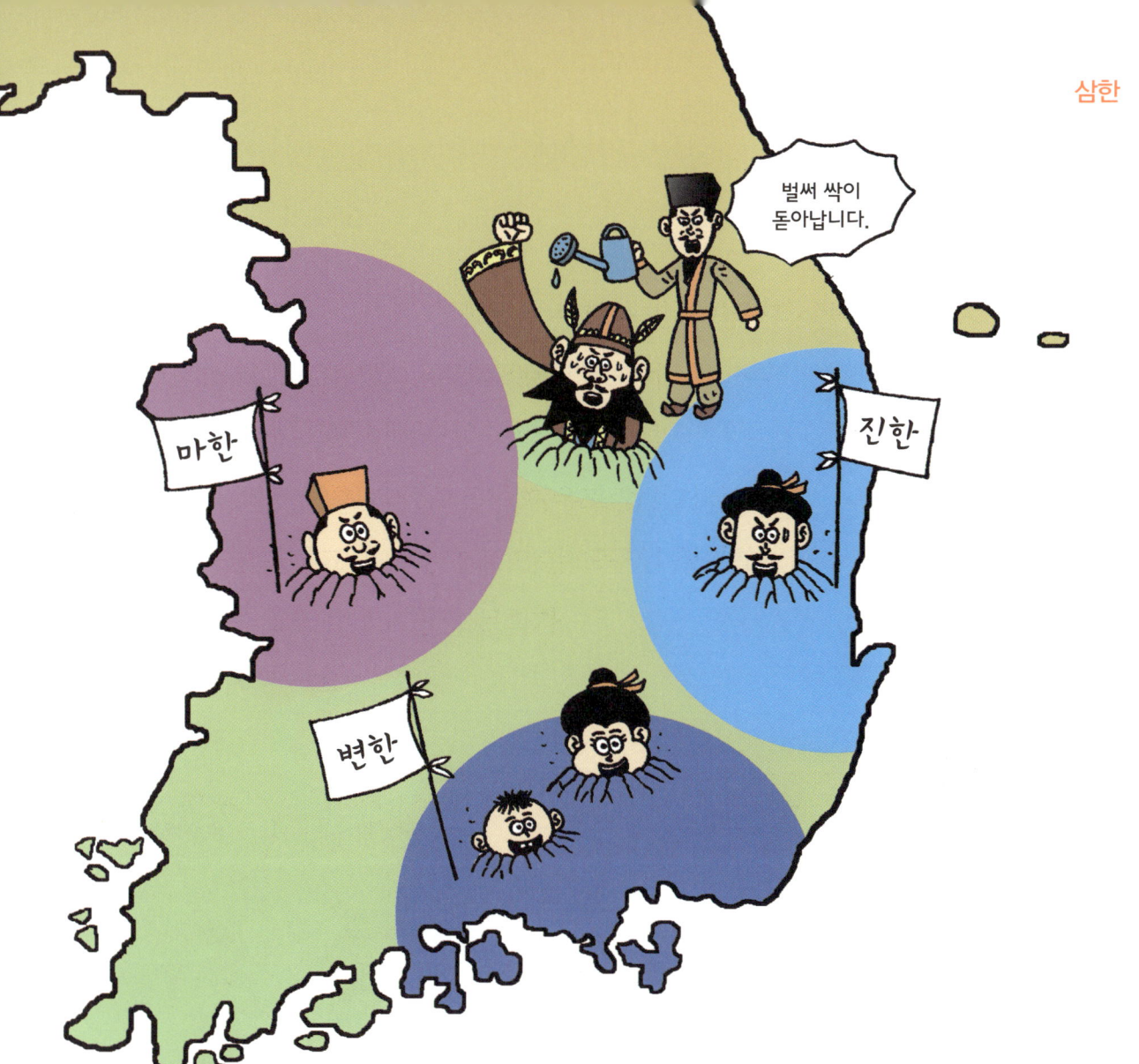

그때 고조선 유민들과 그들이 전한 철기 문화를 바탕으로 그곳에 있던 작은 나라들이 힘을 키워 갔어요.
그리고 그 나라들이 모여 마한, 변한, 진한이라는 나라로 발전했지요.
이 세 나라를 합쳐 '삼한'이라고 해요.
삼한은 훗날 삼국 시대가 열리는 밑바탕이 되었어요.

★유민 망하여 사라진 나라의 백성을 말해요.

땅 좋은 삼한

한강 남쪽에 자리 잡은 삼한은 땅이 기름진 데다가 기후도 좋았어요.
철기 문화를 바탕으로 튼튼한 철제 농기구도 발달했고요.
또 농사에 필요한 물을 모아 두기 위해 곳곳에 저수지도 만들었어요.
좋은 자연 조건에 이러한 사람들의 노력이 더해져
삼한은 벼농사가 매우 발달했지요.

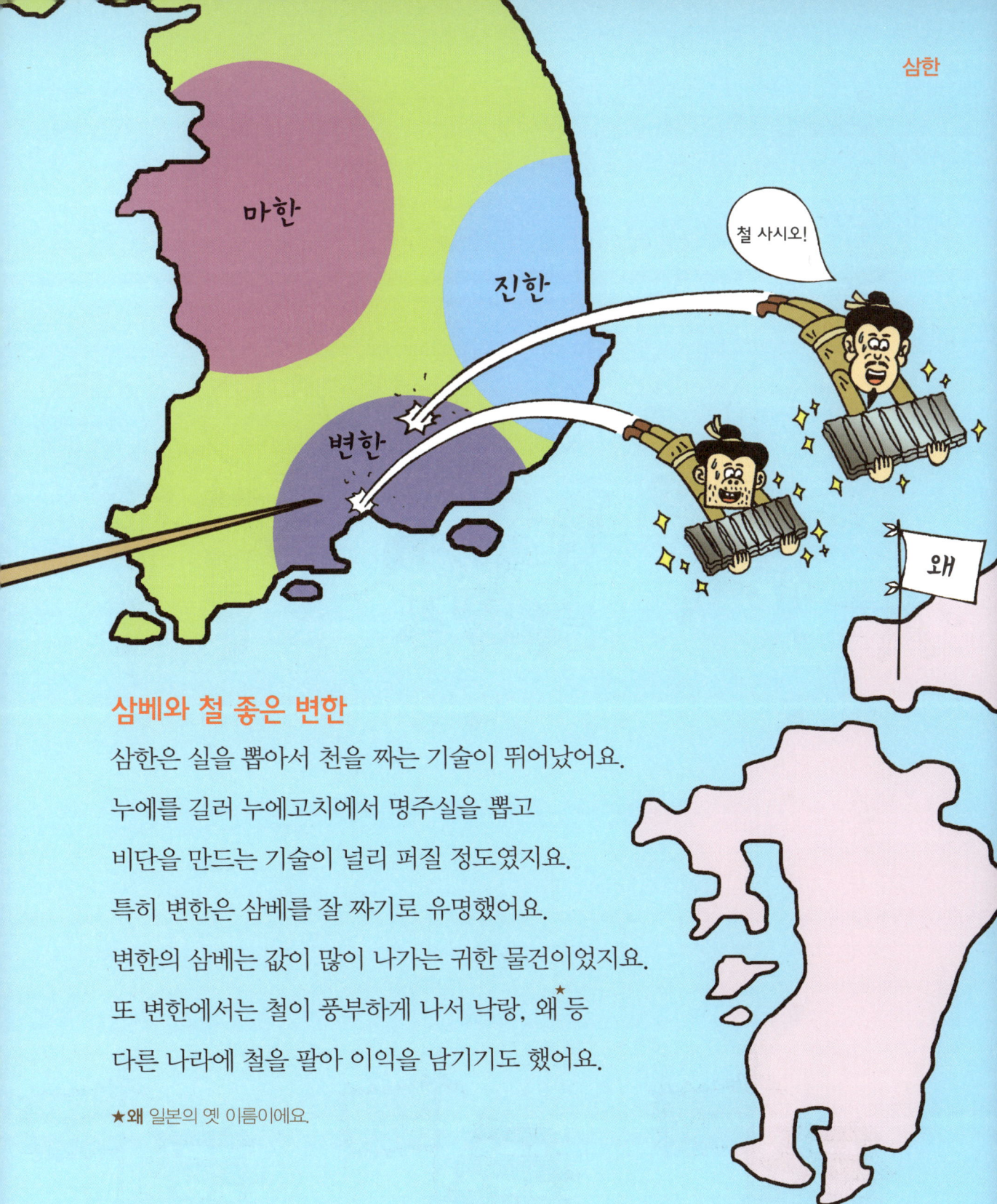

삼베와 철 좋은 변한

삼한은 실을 뽑아서 천을 짜는 기술이 뛰어났어요.
누에를 길러 누에고치에서 명주실을 뽑고
비단을 만드는 기술이 널리 퍼질 정도였지요.
특히 변한은 삼베를 잘 짜기로 유명했어요.
변한의 삼베는 값이 많이 나가는 귀한 물건이었지요.
또 변한에서는 철이 풍부하게 나서 낙랑, 왜 등
다른 나라에 철을 팔아 이익을 남기기도 했어요.

★왜 일본의 옛 이름이에요.

아래의 그림들은 고조선을 비롯한 여러 나라의 특징을 보여 주고 있어요. 각 그림에 해당되는 나라를 찾아 선으로 연결해 보세요.

우리 겨레 최초의 국가인 고조선에 이어 세워진
부여, 옥저, 동예, 그리고 삼한까지.
시간이 흐른 뒤 이 나라들은 고구려, 백제, 신라가
역사 무대에 등장하는 삼국 시대로 발전하게 된답니다.
그중 용맹스러운 기세를 떨치며 동아시아를 호령한
고구려는 과연 어떤 나라였을까요?
이제부터 고구려의 긴긴 이야기에 귀 기울여 보세요.

고구려가 세워졌어요!

알을 낳은 유화 부인

어느 날, 부여의 왕이었던 금와왕이 사냥을 나갔다가
숲 속에서 한 여인을 만났어요. 물의 신인 하백의 딸 유화 부인이었어요.
유화 부인은 하늘 신의 아들인 해모수와 몰래 사랑에 빠져
쫓겨난 처지였어요.
금와왕은 가여운 마음에 유화 부인을 궁으로 데려갔어요.

고구려

그런데 이상한 일이 벌어졌어요.
얼마 뒤 햇빛이 계속 따라다니며 유화 부인의 몸을 비추자,
유화 부인이 커다란 알을 하나 낳은 거예요.
깜짝 놀란 금와왕은 불길한 징조라며
알을 숲 속에 내다 버리라고 했어요.
그런데 놀랍게도 짐승들이 알을 밟지 않고
피해 가거나 따뜻하게 품어 주는 게 아니겠어요?
금와왕은 하는 수 없이 그 알을
유화 부인에게 돌려주었어요.

당신의 정체는 닭?

97

알에서 태어난 주몽

그런데 얼마 후 더 신기한 일이 일어났어요.

알에서 웬 사내아이 하나가 태어났거든요.

이 아이가 바로 '주몽'이에요.

주몽은 겨우 일곱 살일 때 스스로 활을 만드는가 하면

쏘았다 하면 백발백중일 정도로 활 솜씨가 아주 빼어났다고 해요.

주몽은 자랄수록 점점 더 지혜롭고
용맹해졌어요.

부여에서 도망친 주몽

금와왕의 일곱 왕자는 재주가 뛰어난 주몽을 질투했어요. 자신들을 제치고 주몽이 왕이 될까 봐 늘 전전긍긍했지요. 그래서 주몽을 몰아내기로 결심했어요. 다행히 그것을 미리 알아챈 어머니 유화 부인의 도움으로 주몽은 부하들을 데리고 부여에서 도망쳤어요.

주몽이 고구려를 세웠어요

자신을 뒤쫓는 왕자들을 피해 주몽이 가까스로 도착한 곳은
부여의 남쪽에 있는 졸본 지방이에요.
그곳에는 이미 여러 부족들이 살고 있었지요.
그 부족들은 고조선을 무너뜨리고
세력을 뻗쳐 오던 한나라를 몰아내기
위해 힘쓰고 있었어요.

두 번째 왕이 된 유리

주몽과 소서노 사이에서 두 아들, 비류와 온조가 있었어요.
그러던 어느 날, 부여에서 유리라는 아이가 반쪽짜리 칼을 들고
주몽을 찾아왔어요.
유리는 주몽이 부여에 있을 때 결혼해 낳은 아들이에요.
반쪽자리 칼은 주몽이 유리에게 남긴 것이었고요.
주몽이 유리에게 왕의 자리를 넘겨주기로 마음먹자,
비류와 온조는 남쪽 지방으로 떠났어요.

고구려

이윽고 유리가 고구려의 두 번째 왕이 되었어요.
유리왕은 국내성으로 도읍을 옮겼어요.
국내성은 주변으로 압록강이 흐르는 데다가 산들이 병풍처럼 둘러쳐져 있어
적의 침입을 막아 내기 좋았어요.

또한 땅이 넓고 기름져 농사짓기도 알맞고,
사냥할 짐승과 물고기도 풍부했지요.

나라의 힘을 키운 고구려의 왕들

옥저와 동예도 손안에 넣은 태조왕

태조왕이 다스리던 시절, 고구려는 왕의 힘이 무척 커지면서
비로소 제대로 된 국가의 모습을 갖추었어요.
그와 동시에 주변에 있는 작은 나라들을 정복하며 땅을 넓혀 갔어요.
특히 옥저와 동예를 손에 넣어 기름진 땅에서 나는 곡식과
동해 바다에서 나는 풍부한 해산물을 얻을 수 있었지요.

가난한 백성을 위해 진대법을 만든 고국천왕

나라가 점점 커지면서 귀족들은 풍요로워졌지만,
백성들 대부분은 살림이 더욱 어려워졌어요.
먹을 것이 없어 스스로 노비가 되기도 했지요.
이것을 안 고국천왕은 신하들과 함께 백성을 도울 방법을 고민했어요.
그리고 고구려의 재상이었던 을파소의 건의에 따라
봄에 가난한 농민들에게 곡식을 꾸어 주고 가을걷이가 끝난 뒤
곡식을 갚게 하는 '진대법'을 만들었어요.
진대법 덕분에 백성들은 굶주림에서 벗어났고, 왕권은 더 튼튼해졌어요.

위나라를 물리친 동천왕

고구려의 동천왕은 성품이 너그럽고 용맹한 사람이에요.
동천왕이 왕위에 올랐을 무렵 중국에서는 여러 나라가
서로 힘겨루기를 하고 있었어요.
그중 가장 강한 나라는 위나라였지요.
위나라와 고구려는 서로 사신을 보내며 친하게 지냈어요.
하지만 위나라가 약속을 깨고 고구려를 넘보더니
결국 고구려를 공격했어요.

★**사신** 임금님의 명으로 나라를 대표해 외국에 가는 신하를 말해요.

고구려

위나라에 맞서 싸우던 동천왕은 거듭 승리를 거두었어요.
하지만 그것도 잠시, 환도산성을 빼앗기는가 하면, 위나라의 군사들을
피해 도망치는 신세가 되면서 위나라에 밀리고 말았어요.
하지만 충성스런 신하들 덕분에 전쟁에서 이길 수 있었어요.

★**환도산성** 국내성을 지키기 위해 쌓은 산성이에요.

남쪽으로 눈을 돌린 고국원왕

숱한 전쟁 끝에 중국과 평화로운 관계를 맺은 고구려는
이제 남쪽으로 눈을 돌렸어요.
한강이 흐르는 기름진 땅에서는 이미 백제라는 나라가
마한과 가야 같은 작은 나라들을 정복하고 남해안 지역을 아우르며
힘을 키우고 있었어요.

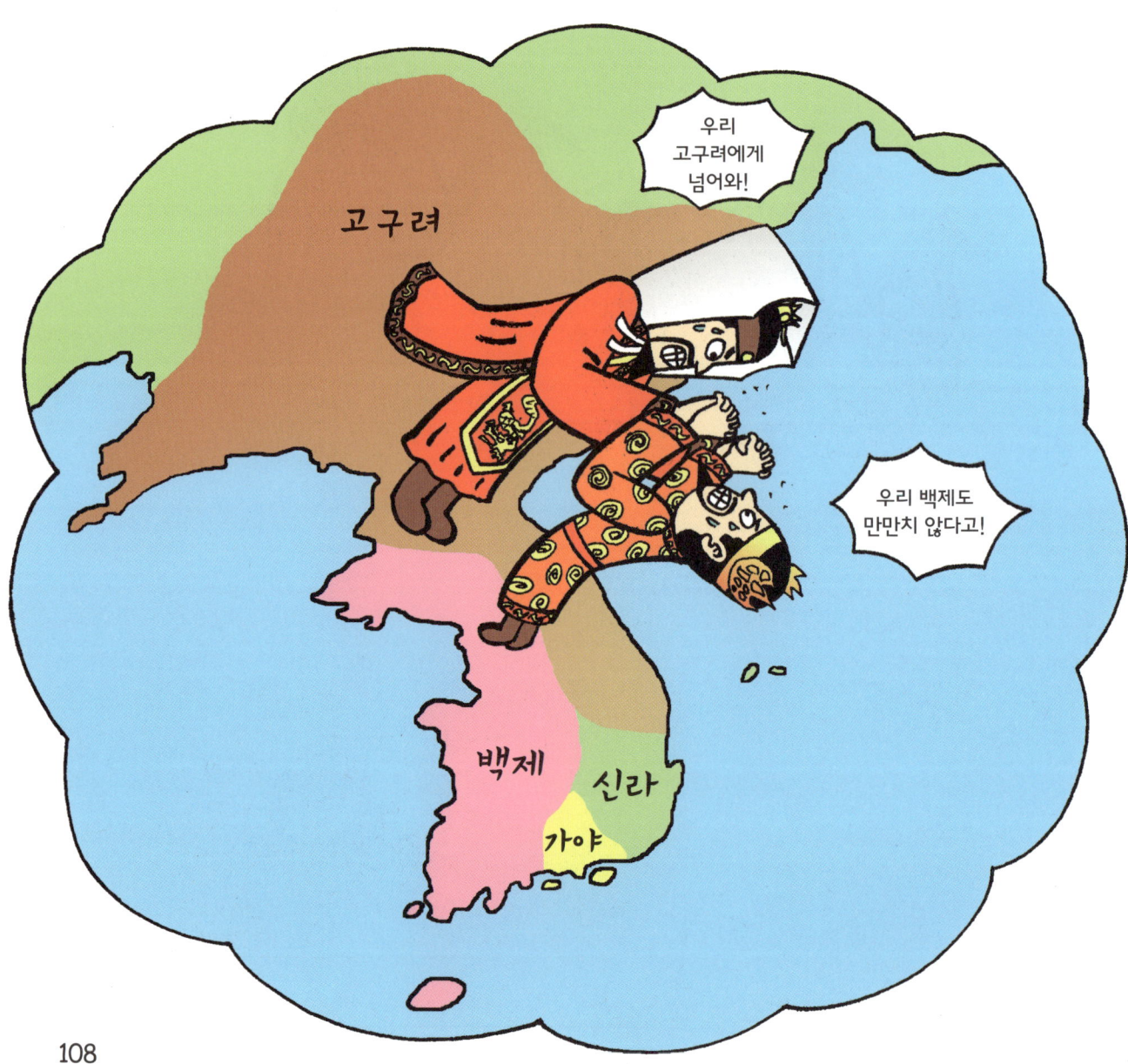

고국원왕은 두 번이나 백제를 공격했지만,
두 번 모두 무참히 지고 말았어요. 그만큼 백제는 만만치 않은 상대였지요.
엎친 데 덮친 격으로 백제의 근초고왕이 도리어 3만 명에 이르는
군사를 이끌고 고구려를 쳐들어왔지 뭐예요.
결국 고국원왕은 그 전쟁에서 백제군이 쏜 화살에 맞아 목숨을 잃었어요.
그리고 고구려 땅의 일부가 백제의 손에 넘어갔답니다.

고구려 발전의 밑거름이 된 소수림왕

그다음으로 왕이 된 소수림왕은 아버지 고국원왕이 거듭해서 백제에 지고, 결국 죽음을 맞는 과정을 보며 깨달았어요. 부모의 원수를 갚고 군사력을 키워 땅을 넓히는 것도 중요하지만, 나라의 기초를 바로 세워 주변 나라들과 어깨를 나란히 할 만큼 강한 나라로 발돋움하는 것이 먼저라는 사실을요. 그래서 소수림왕은 대대적으로 제도를 새롭게 하기 시작했어요.

고구려

먼저 나라의 기본 법률인 율령★을 널리 퍼뜨려 나라의 질서를 바로잡았어요.

또 백성들의 마음을 하나로 모으기 위해 불교를 받아들였지요.

도읍지에는 국립 학교인 태학을 세워 능력이 있는 인재들을 키워 냈어요.

이것은 고구려가 더 큰 나라로 발전하는 밑바탕이 되었어요.

★**율령** '율'은 형벌에 관한 법을, '령'은 행정에 관한 법을 말해요.

가장 넓은 땅을 차지한 광개토대왕

고구려가 힘을 키우는 동안 중국은 계속해서
여러 나라가 세워지고 사라지며, 혼란을 겪었어요.
광개토대왕은 그 틈을 타서 활발하게 힘을 뻗쳐 나갔어요.
서쪽으로는 요동 지방을 차지하는가 하면,
동북쪽으로는 숙신이라는 나라를
정복했지요.

남쪽으로는 왕의 자리를 놓고 엎치락뒤치락 혼란스럽던
백제를 공격해 한강 지역까지 나아갔어요.
그 뒤 중국의 후연까지 무너뜨리면서
만주 지방부터 한반도 북부에 이르기까지
광대한 영토를 차지했어요. 고구려는 이제 어느 누구도 감히
넘보지 못하는 강한 나라가 되었어요.
그 덕분에 백성들의 삶도 풍요로워졌지요.
고구려 백성들은 광개토대왕의 업적을 기리고
후손들에게 전하기 위해 거대한 광개토대왕릉비를 세웠어요.

고구려를 최고의 나라로! 장수왕

광개토대왕의 뒤를 이은 장수왕은 아버지의 뜻을 이어 받아 계속해서 땅을 넓혔어요. 특히 남쪽 지방으로 눈을 돌리면서 백제와 신라를 공격하기에 유리한 평양성으로 도읍지를 옮겼지요.
날로 강해지는 고구려의 위세에 눌려 백제와 신라가 손을 잡았지만 소용없는 일이었어요.

고구려

장수왕이 적극적으로 백제를 공격해 한강 주변의 땅을
차지했거든요.
또한 백제의 도읍지를 무너뜨리고 개로왕의 목숨을 빼앗으면서
고국원왕의 원한도 풀었지요.
고구려, 백제, 신라가 한강을 두고 치열하게 싸운 것은
한강이 세 나라의 가운데에 있는 중요한 지역이었기 때문이에요.
교통이 편리해 주변 지역으로 쉽게 갈 수 있는 데다가
땅이 기름져서 농사를 짓기도 좋았지요.
장수왕이 한강 지역까지 손에 넣으면서 고구려는 대제국으로
발돋움하는 동시에 삼국의 중심이 되었어요.

고구려 사람들이 사는 법

저고리와 바지는 기본!

고구려에서는 남자 여자 할 것 없이 엉덩이까지 내려오는 긴 저고리와 바지를 즐겨 입었어요.
화려한 꾸밈새보다는 활동하기에 편한 옷차림을 더 좋아한 거예요.
물론 신분의 높낮이에 따라 세세한 모양새는 달랐지요.

고구려

여자들은 바지뿐만 아니라, 주름치마나 색동 치마도 즐겨 입었어요.
물방울무늬같이 다양한 무늬와 색깔로 한껏 멋을 부렸지요.
신분이 높은 여자들은 화려하고 통이 넓은 옷을 입었고,
일반 여자들은 통이 적당해 움직이기 편한 옷을 입었어요.
남자들은 상투를 틀어 올리고 '절풍'이라는 고깔모자를
즐겨 썼어요. 주로 새의 깃털로 절풍을 꾸몄는데,
신분에 따라 깃털의 수나 재료가 달랐어요.
결혼한 여자들은 머리를 위로 틀어 올렸고,
결혼하지 않은 여자들은 머리를 뒤로 내렸지요.

찧고, 끓이고, 절여 먹었어요

고구려 사람들은 주로 보리, 조, 콩, 수수 같은 곡식을 요리해서 먹었어요.
여전히 쌀은 지배층만이 먹을 수 있는 귀한 곡식이었지요.
귀족의 집에는 다락 창고, 방앗간, 푸줏간, 부엌이 있었어요.
다락 창고★에서 꺼낸 곡식은 방앗간에서 디딜방아로 곱게 찧은 다음, 부엌에 있는 솥이나 시루를 이용해 요리했지요.

★**다락 창고** 땅에서 올라오는 찬 기운과 습기를 막기 위해 높다랗게 만든 창고로, '부경'이라고도 불러요.

고구려

사냥에서 잡아 온 멧돼지, 노루, 사슴, 꿩 같은 짐승의 고기나
외양간에서 키운 가축의 고기는 잘 손질해
한쪽에 마련된 푸줏간에 주렁주렁 달아 보관했어요.
집 안에 정육점이 있었던 셈이지요.
고구려 사람들은 콩을 발효시켜 장을 담갔어요.
또 채소를 소금에 절인 형태의 김치를 만들어 반찬으로 먹었어요.

아들! 어디 숨었니?

119

백성은 초가집, 귀족은 기와집

고구려의 백성들은 이엉으로 지붕을 이은 초가집에 살았어요.

반면에 귀족들은 기와를 얹은 화려한 기와집에서 살았어요.

기와집을 짓기 위해서는 돈이 많이 들고,

집을 잘 짓는 기술자도 필요했기 때문에

귀족들만 기와집에서 살 수 있었지요.

★이엉 짚 같은 것으로 엮은 물건으로,
　　　초가집의 지붕을 일 때 사용해요.

고구려

고구려 사람들은 집 안에서도
신발을 신었으며, 방에 의자나 탁자 등을
두고 생활했어요.
그런데 고구려는 북쪽 지방에 자리한 나라였기 때문에
겨울이면 몹시 추웠어요.
그래서 방 한쪽에 구들을 깔고 방의 일부를 데워 추위를 이겼지요.
이것을 '쪽구들'이라고 해요.

사람이 죽은 뒤에도 행복하길 빌었어요

고구려에서는 사람은 죽어서 새로운 세상으로 간다고 생각했어요.
그래서 무덤을 방처럼 꾸미고 옷과 음식 등
생활에 필요한 것들을 같이 넣어 주었어요.
그리고 무덤 주인이
저승에서도 부귀영화를
계속 누리기를 바라는
마음을 담아 무덤 벽에
벽화를 그렸어요.

현무

백호

고구려

무덤 벽화를 보면 고구려 사람들이 어떻게 살았는지 알 수 있는데,
시간이 흐를수록 무덤의 그림이 조금씩 달라졌어요.
사람들은 무덤의 동서남북 네 곳에 상상의 동물을 벽면 가득
그리기 시작했지요. 바로 청룡, 백호, 주작, 현무예요.
이것을 네 개의 신, 즉 '사신'이라고 해요.
고구려에서는 사신을 무덤을 지켜 주는 신이라고 믿었던 거예요.

청룡

우리는 무덤을 지키는 사신이야!

주작

고구려 무덤 벽화를 보면 고구려가 보여요!

고구려 사람들은 무덤의 벽에 그림을 그렸어요.
이들 무덤 벽화에는 고구려 사람들의 삶과 생활 모습, 여가를 즐기는 모습,
세상을 바라보는 시각 등이 고스란히 담겨 있지요.
아래의 벽화를 보세요. 부엌 속 여인들이 아궁이 위에 솥을 얹고
국을 끓이고 있지요? 또 귀족의 집 안에 있던 넓은 차고도 보이네요.
둘레가 트여 있는 것이 남자 주인의 차고, 사방이 막힌 것이 부인의 차예요.
우물에서는 시녀 둘이서 항아리에 물을 담는 중이고요.
이처럼 벽화 속 인물과 배경을 통해
고구려 귀족의 저택 안 풍경과
생활 모습을 엿볼 수 있어요.

▼▶안악3호분 벽화

그럼, 오른쪽의 〈수산리 무덤 벽화〉에서는 무엇을
알 수 있을까요?
막대기 위에 올라간 사람, 공을 던지는 사람,
점잖게 그것을 지켜보는 귀족 등이 있어요.
그런데 그림의 주인공인 귀족에 비해 시종이나
놀이꾼들은 작게 그렸지요?
고구려 사회에는 신분의 차이가 있었기 때문이에요.
고구려 사람들은 신분에 따라 서로 다른 대우를
받았지요.

▲수산리 무덤 벽화(모사)

또 고구려 하면 힘차고 활달한 기상을 느낄 수 있어요.
아래 벽화에서처럼 고구려 사람들은 말을 타고 활을 쏘며
사냥하기를 즐겼답니다.

▲무용총 수렵도(모사)

다른 나라와 문화를 나눈 고구려

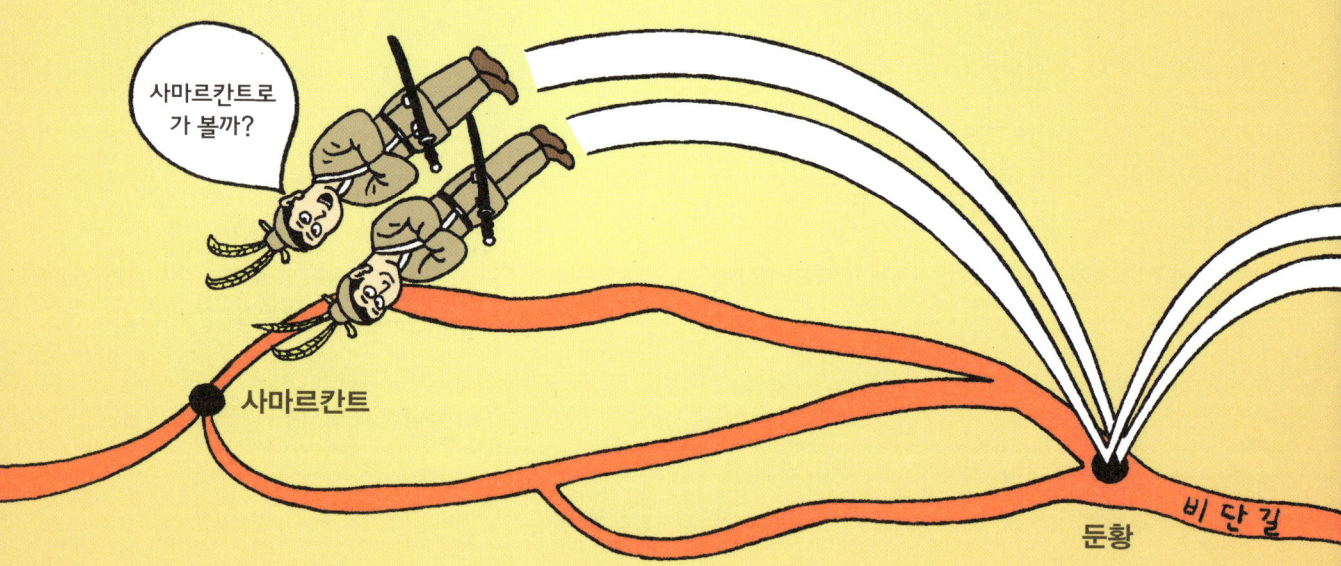

고구려는 비단길을 따라 사막과 험한 산맥을 넘어 무려 5,000킬로미터나 떨어진 중앙아시아의 사마르칸트까지 사신을 보냈어요.
사마르칸트는 동양과 서양의 사람들과 물건, 문화가 모이는 비단길의 중심지였어요.

★**비단길** 중국과 서아시아·지중해 연안을 연결하던 옛날 무역로예요. 중국의 특산물이었던 비단을 서양으로 옮겨 나르던 길이어서 '실크로드'라고도 해요.

고구려

고구려의 힘이 점점 약해졌어요

삼국의 중심이었던 고구려에도 여러 가지 문제들이
싹트기 시작했어요.
안으로는 귀족들이 서로 힘을 차지하기 위해 다투는가 하면,
밖으로는 북쪽에서 침입한 돌궐족을 막아 내느라
힘이 빠졌거든요.
남쪽에서는 고구려에 불만을 품은 백제와 신라가 힘을 합해
고구려에 쳐들어왔어요.
결국 백제와 신라에게 한강을 빼앗긴 고구려는
그 뒤로 점점 힘을 잃어 갔어요.

'바보 온달'에 숨어 있는 역사 이야기

고구려 평원왕의 딸인 평강 공주는 울보였어요. 평원왕은 "자꾸 울면 바보 온달에게 시집보내겠다."며 겁을 주었지요. 그런데 결혼할 나이가 된 평강 공주가 정말로 바보 온달에게 시집을 가겠다고 고집을 부리자, 화가 난 평원왕이 공주를 쫓아냈어요.
결국 평강 공주는 온달을 찾아가 결혼을 했지요.

평민이었던 온달은 평강 공주의 도움으로 훌륭한 장군이 되었어요.
온달은 빼앗긴 한강 지역을 되찾기 위해 군사를 이끌고 신라군을 공격했지만, 결국 신라군의 화살에 맞아 죽고 말았어요.

그런데 아무리 온달의 관을 옮기려고 해도 꿈쩍도 하지 않았어요. 이 소식을 전해 들은 평강 공주가 달려와 관을 어루만지자 그제야 움직였다고 해요.

엄격한 신분제 사회인 고구려에서 평민과 왕족의 결혼이 가능했을까요?
온달이 살았던 때는 왕권이 약해지고 귀족의 힘이 세지던 시기였어요.
밖으로는 돌궐의 침입과 백제와 신라의 연합 공격으로
고구려가 약해질 대로 약해진 상태였고요.
온달은 어지럽던 고구려에 새롭게 등장한 세력이며,
평원왕은 이러한 세력과 손잡고 왕권을 새롭게 다지려고
했을 거예요. 또 신라를 공격하려면 고구려 사람들의 마음을
하나로 모아야 했기 때문에, 온달이 신라를 공격하다가 안타깝게
전사한 이야기를 꾸며 널리 퍼뜨린 것이지요.

▼온달 장군이 쌓았다고 전해지는
　온달 산성의 모습

고구려와 수나라의 한판 싸움

고구려에 쳐들어온 수나라

나라 안팎의 혼란을 바로잡고 조금씩 안정을 찾아 가던 고구려에
또 다른 시련이 닥쳤어요.
세력을 다투는 여러 나라들의 전쟁이 끊이지 않던 중국을 통일한 수나라가
이제는 동쪽의 고구려를 차지하려는 야심을 드러낸 거예요.
수나라의 왕, 문제는 30만 대군을 이끌고 고구려를 쳐들어왔어요.
하지만 장마철인 데다가 전염병까지 도는 바람에 수나라 군대는
어쩔 수 없이 물러가야 했지요.

수나라의 두 번째 공격!

수나라의 문제가 죽고 양제가 새롭게 왕위에 올랐어요.

양제는 100만이 넘는 군사를 이끌고 또다시 고구려를 공격했어요.

랴오허 강을 건너 고구려로 향하던 수나라군이 맨 처음으로

맞닥뜨린 것은 허허벌판에 우뚝 솟아 있는 요동성이었어요.

그런데 수나라군이 아무리 공격해도 요동성은 몇 달 동안

꿈쩍도 하지 않았어요.

그사이 수나라의 100만 대군을 먹일 식량도 다 떨어져 가고 있었지요.

그러자 양제가 고구려의 수도인 평양성을 침략하기로 마음먹었어요.

살수에서 무너진 수나라 군대, 살수대첩

고구려의 장수인 을지문덕은 평양성을 공격하려는
수나라의 계획을 눈치챘어요.
그래서 매번 싸우는 척하다가 일부러 도망을 가면서
수나라가 승리감에 우쭐하며 안심하도록 했어요.
그러는 사이 수나라 군사들은 얻은 것도 없이 점점 지쳐만 갔고요.
을지문덕은 수나라의 장수 우중문에게 시를 한 수 보냈어요.
"이미 이 전쟁에서 당신의 공이 높으니 그만 물러가는 게 어떠한가."

고구려

오잉? 속았다 해!

그제야 전쟁에서 이기기 어렵다고 판단한 수나라 군사들이 허겁지겁 수나라로 도망가려고 할 때였어요. 고구려군과 을지문덕은 살수★ 근처에 숨어서 기다리다가 맹공격을 퍼부었지요. 이때 살아 돌아간 수나라 군사가 겨우 2,700명 정도였어요. 고구려가 대승을 거둔 거예요. 이 전쟁을 '살수 대첩'이라고 해요.

★살수 지금의 청천강을 가리켜요.

고구려와 당나라의 밀고 당기기

새로운 세력, 당나라가 등장했어요

수나라는 살수 대첩에서 크게 당한 뒤로 나날이 약해지기 시작했어요.
전쟁을 치르느라 나라의 살림이 어려워졌고,
공사를 많이 하는 바람에 백성들의 반란이 심해졌지요.
이러한 이유로 결국 수나라는 멸망하고 중국 땅에는
당나라가 새롭게 세워졌어요.
고구려의 영류왕은 당나라와 평화롭게 지내고 싶어 했어요.
그렇다고 해서 긴장의 끈을 놓을 수는 없었어요.

그래서 언제 일어날지 모르는 전쟁에 대비해
무려 16년에 걸쳐 '천리장성'을 쌓았어요.
갈수록 당나라의 세력이 커지자,
고구려의 귀족 세력은 당나라와 평화롭게 지내야 한다는 쪽과
강하게 맞서야 한다는 쪽으로 나뉘며 갈등이 깊어졌어요.
그러는 사이 당나라는 호시탐탐 고구려를 노리기 시작했어요.

권력을 잡은 연개소문

연개소문은 당나라에 강하게 맞서야 한다고 목소리를 높인 귀족 중 하나예요.
연개소문과 생각이 다른 영류왕과 귀족들은 그를 죽이려고 했어요.
이를 알아차린 연개소문은 은밀한 계획을 세웠어요.
반대파 귀족들을 초대해 화려한 행사를 치르다가 그들의 목을 벤 거예요.
그러고는 궁으로 달려가 왕까지 죽인 뒤 자신이 모든 권력을 차지했답니다.

신라의 김춘추가 연개소문을 찾아왔어요

그때 남쪽에서는 백제가 신라에 등을 돌리고 신라를 공격했어요. 그러자 신라의 김춘추가 연개소문을 찾아가 군사를 요청했어요. 연개소문은 신라가 빼앗아 간 한강 지역을 도로 내놓으면 도와주겠다고 했어요. 무리한 요구였지요.

김춘추가 그 요구를 거절하자 연개소문은 그를 옥에 가두었어요. 결국 김춘추는 "날 풀어 주면 신라로 돌아가 선덕 여왕에게 요청해 보겠소."라고 거짓 약속을 했어요. 마침 연개소문도 속으로는 신라와 전쟁을 벌이는 것이 부담스러웠기 때문에 김춘추를 풀어 주었어요. 이렇게 가까스로 풀려난 김춘추는 당나라로 가서 도움을 청했어요.

당나라를 물리친 안시성 싸움

그동안 기회를 노리던 당나라는 연개소문이 영류왕을 죽인 일을 핑계 삼아 고구려를 쳐들어왔어요.
살수 대첩의 패배를 교훈 삼아 철저히 준비한 당나라군은 이번에는 고구려의 성들을 차례로 무너뜨리더니 안시성까지 밀고 들어왔지요.
그러고는 안시성의 동남쪽에 흙산을 쌓기 시작했어요.
마침내 흙산이 성벽보다 높아져 성 안으로 돌격하려는 순간, 흙산이 무너져 내리는 바람에 모든 상황이 고구려군에게 유리해졌어요.
게다가 찬바람이 부는 추운 겨울이 점점 다가오고 있었지요.
상황이 불리해진 당나라는 결국 안시성을 포기하고 물러나야 했답니다.

고구려가 무너졌어요

고구려 공격에 실패한 당나라와 군사 요청을 거절당한 신라.
이 두 나라가 비밀리에 서로 손을 잡고 고구려를 쳐들어갔어요.
엎친 데 덮친 격으로 연개소문마저 세상을 떠나자 고구려가 들썩였어요.
귀족들이 서로 권력을 차지하기 위해 다투기 시작했거든요.
비록 고구려 군사들이 온 힘을 다해 싸우긴 했지만,
보장왕은 더 이상 버티지 못하고 신라와 당나라에 항복하고 말았어요.
결국 거대했던 고구려는 찬란한 발자국을 남긴 채 역사 속으로 사라졌어요.

여기저기 흩어진 고구려 사람들

고구려가 당나라와의 전쟁에서 지자,
어떤 사람들은 처음 부족 생활을 하던 터전으로 돌아갔고,
또 어떤 사람들은 신라로 향했어요.
전쟁을 하다가 잡힌 포로들은 당나라에 노비로 끌려가기도 했고요.
그들은 고구려를 다시 일으키기 위해 끊임없이 노력했어요.
그리고 마침내 고구려의 옛 땅에 고구려의 역사와 문화를 잇는
새 나라, '발해'를 세웠답니다.

역사 놀이터

고구려 사람들이 사냥하는 모습이 그려진 벽화예요. 그런데 벽화 속에 고구려 시대에 해당되지 않는 그림들이 다섯 개 그려져 있어요. 찾아서 ○ 해 보세요.

(숨은 그림 : 축구공, 휴대 전화, 손목 시계, 안경, 연필)

백제는 세 나라 가운데 맨 먼저 한강 주변의 땅을 차지한 나라예요.
동시에 가장 일찍 멸망한 나라이기도 하지요.
그래서 고구려나 신라에 비해 그 역사가 제대로 알려져 있지 않아요.
하지만 백제도 한때 다른 두 나라와 어깨를 나란히 할 만큼 강하고,
중국, 왜와도 활발한 교류를 하며 빛나는 문화를 자랑하던 나라였어요.
누구보다 바닷길을 잘 이용할 줄 알았던 백제의 이야기를 들어 볼까요?

백제

백제가 등장했어요!

주몽과 소서노의 아들, 비류와 온조

고구려를 세운 주몽에게는 비류와 온조라는 두 아들이 있었어요.
그런데 어느 날 주몽이 부여에서 낳은 유리가 찾아와 태자가 되었어요.
비류와 온조는 몇몇 신하들과 함께 부아악이라는 산에 올라가
살 만한 곳을 찾아보았어요.
형인 비류는 바닷가 근처 미추홀에, 온조는 한강이 흐르는
위례성에 터를 잡고 나라를 세웠어요.

★**부아악** 오늘날 서울의 북한산이에요.

백제

비류의 나라가 힘을 잃었어요

비류가 터를 잡은 미추홀은 습기가 많고,
물이 짜서 농사짓기가 어려운 곳이었어요.
그래서 크게 발전하지 못했지요.
비류의 근심은 날로 깊어졌어요.
그러던 중 비류가 세상을 떠났고,
그 뒤 비류를 따르던 신하들과 백성들은
모두 온조가 세운 나라로 갔어요.

온조가 한강 주변에 세운 나라, 백제

온조가 터를 잡은 위례성은 한강 주변에 있는 곳으로,
먼 옛날부터 사람들이 모여 살았던 곳이에요.
넓은 들판에 땅이 기름져 농사짓기에도 좋았고,
물도 쉽게 구할 수 있었거든요.
서해 바닷길을 통해 중국이나 왜와
교류하기도 좋았고요.

백제

이러한 자연환경에 비류의 백성들까지 더해지니, 나라가 더욱더 커지고 힘이 세질 수밖에요. 온조는 나라가 강해지자 '십제'였던 나라의 이름을 '백제'로 고쳐 불렀답니다.
'백성들이 즐거운 마음으로 따른다'라는 뜻이었지요. 온조는 백제를 다스리며 700년 해양 제국의 기틀을 마련해 나갔어요.

도읍지인 위례성에 쌓은 두 개의 성

온조는 위례성을 첫 도읍지로 삼고 두 개의 성을 쌓았어요.
그중 몽촌 토성은 언덕에 흙을 쌓아 단단하게 다져서 만든 성이에요.
성벽의 바깥쪽에는 나무 기둥을 잇따라 박아 울타리를 세웠어요.
그 둘레에는 도랑을 파고 물을 채워 적의 침입을 막았고요.

백제

풍납 토성은 편평한 땅에 인공적으로 벽을 쌓아 올린 성이에요.
게다가 몽촌 토성보다 규모가 훨씬 커서 성을 짓는 데
사람들의 힘이 엄청 많이 필요했지요.
그리고 기와를 얹은 궁궐과 관청들, 제사 지내던 곳 등의 터가 발견되어
백제의 왕이 살았던 궁전이었을 거라고 추측해요.

백제 사람들의 생활 모습

백제도 고구려와 마찬가지로 왕이나 귀족들은 크고 화려한
기와집에서 살았어요.
하지만 대부분의 백성들은 움집이나 다락집에서 살았지요.
집 안에는 음식을 해 먹을 수 있도록
화덕이나 부뚜막을 마련했어요.
또, 저장 구덩이를 판 뒤
짚 같은 것으로
덮어 두기도 했지요.

백제

백제 사람들은 고구려나 신라에서는 볼 수 없는
자신들만의 그릇을 만들어 썼어요.
특히 겉면이 검고 반들반들한 검은 간 토기, 세 발 달린 토기,
길쭉한 달걀 모양의 항아리, 굽다리 접시 등을 많이 만들었지요.
그중 세 발 달린 토기는 백제에서만 만들어진
독특한 그릇이랍니다.

세 발을 두 발로 만든 범인이 누구야?

얘요!

나라의 힘을 키우기 위한 왕들의 노력

백제의 힘을 키운 고이왕

백제는 이미 남쪽에서 세력을 키워 가던 마한에 속한
여러 나라 가운데 하나에 불과했어요.
당시에는 목지국이 마한을 좌지우지하고 있었지요.
그런데 백제의 고이왕이 마한이 혼란한 틈을 타서 목지국을 정복하더니
남쪽으로 점점 땅을 넓혀 갔어요.
이제 백제가 한강 지역을 휘어잡는 힘센 나라가 된 거예요.

백제

고이왕은 무엇보다도 왕의 힘을 키우기 위해 노력했어요.
그래서 나라를 다스리는 법을 새롭게 정비했어요.
1품에서 16품까지 관리들의 등급도 나누었지요.
그중 1품에 해당되는 관리 여섯 명을 '좌평'이라고 부르며
6좌평에게 각각 중요한 일을 맡겼어요.
등급의 높낮이에 따라 옷 색깔도 달리 했고요.
비로소 왕을 중심으로 나라의 기틀을 서서히 잡아 간 거예요.

백제의 전성기를 연 근초고왕

고이왕의 뒤를 이은 근초고왕은 백제의 영토를 계속 넓혀 갔어요.

먼저 가야를 정벌하고, 마한이 있던 땅을 정복해 남쪽으로 땅을 넓혔어요.

백제의 군사력이 무척 강했기 때문에 가능한 일이었지요.

백제는 가야나 마한과 달리 말을 타고 싸우는 기병이 많고,

철을 다루는 뛰어난 기술 덕분에 강력한 철제 무기도 갖추었거든요.

게다가 백제는 왕을 중심으로 나라의 힘을 하나로 모을 수 있었지요.

★ **전성기** 힘이나 세력이 강해져 한창 왕성한 시기예요.

백제

이제 근초고왕은 북쪽으로 눈을 돌렸어요.
그곳에는 고구려가 떡하니 버티고 있었지요.
근초고왕은 비록 수는 적지만 자신의 지휘 아래 하나로 똘똘 뭉친
군사들을 이끌고 고구려를 공격했어요.
그리고 마침내 고구려의 평양성까지 치고 올라갔어요.
비록 평양성을 빼앗지는 못했지만, 고구려의 고국원왕을 죽이고
한반도 땅의 많은 부분을 차지하며 중국까지 나아가는 등
큰 힘을 자랑했어요.

서해 바닷길은 백제의 것!

바닷길을 통해 중국과 왜에 진출했어요

백제는 서해 바닷길을 통해 중국과 활발하게 교류했어요.
그 당시 중국에서는 동진이라는 나라가 가장 힘이 강했어요.
그러한 동진에 사신을 보내고 외교를 하게 되었으니,
그만큼 백제의 힘이 커졌다는 것을 뜻하지요.
백제는 중국의 요서와 산둥 지방까지 진출했어요.

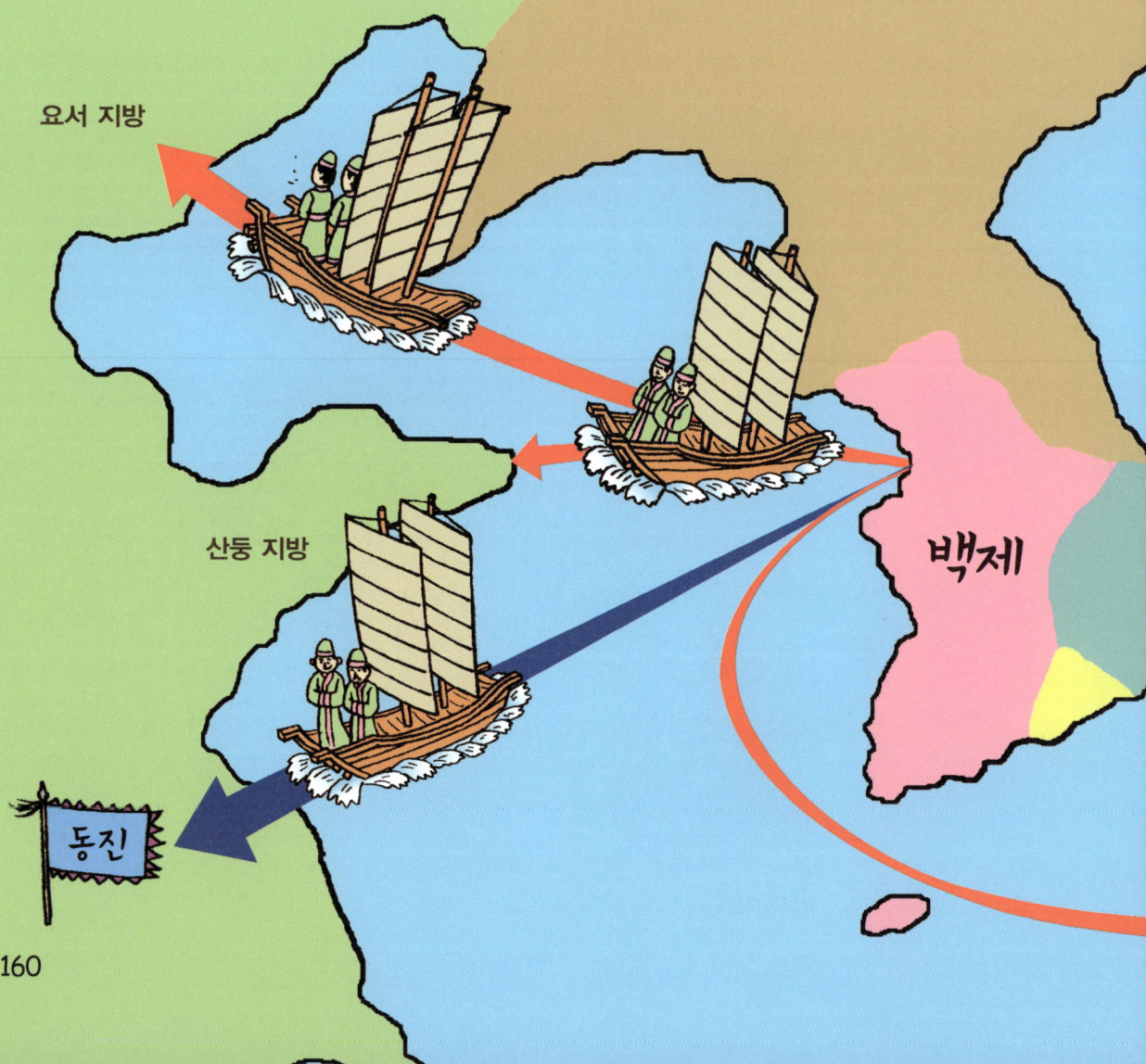

왜와도 새로운 관계를 맺었어요.
나라의 틀을 만들어 가던 왜는 백제의 앞선
문화와 제도를 받아들이고 싶어 했지요.
백제는 땅을 더 넓히려면 군사적으로 왜의
도움이 필요한 상황이었고요.
그래서 백제는 왜에 선물과 사신을 보냈어요.
특히 근초고왕은 왜의 왕에게 일곱 개의 가지로 이루어진
칼인 '칠지도'를 보냈답니다.

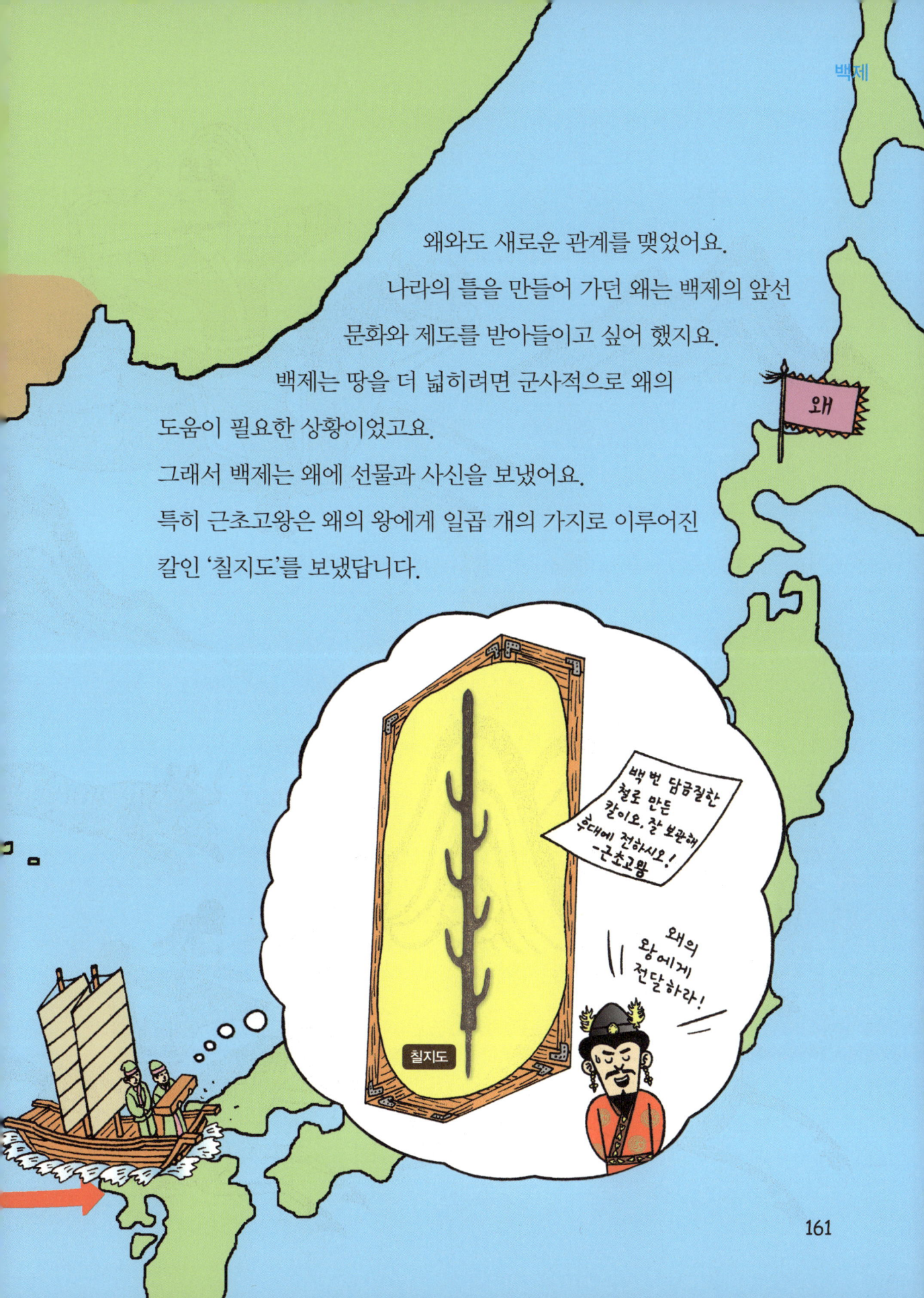

백제는 왜의 선생님!

왜와 가깝게 지내던 근초고왕은 최고의 기술자들을 왜에 보내기로 했어요.
백제에서는 학문과 기술이 으뜸인 사람들을 '박사'라고 불렀어요.
글공부를 많이 한 사람은 오경박사, 기와를 잘 만드는 기술자는 와박사,
탑 꼭대기의 쇠붙이 장식을 잘 만드는 사람은 노반박사,
병을 잘 고치는 사람은 의박사라고 했지요.
백제의 박사들은 왜에 건너가 백제의 문화와 자신들의 기술을
전해 주었어요.

백제

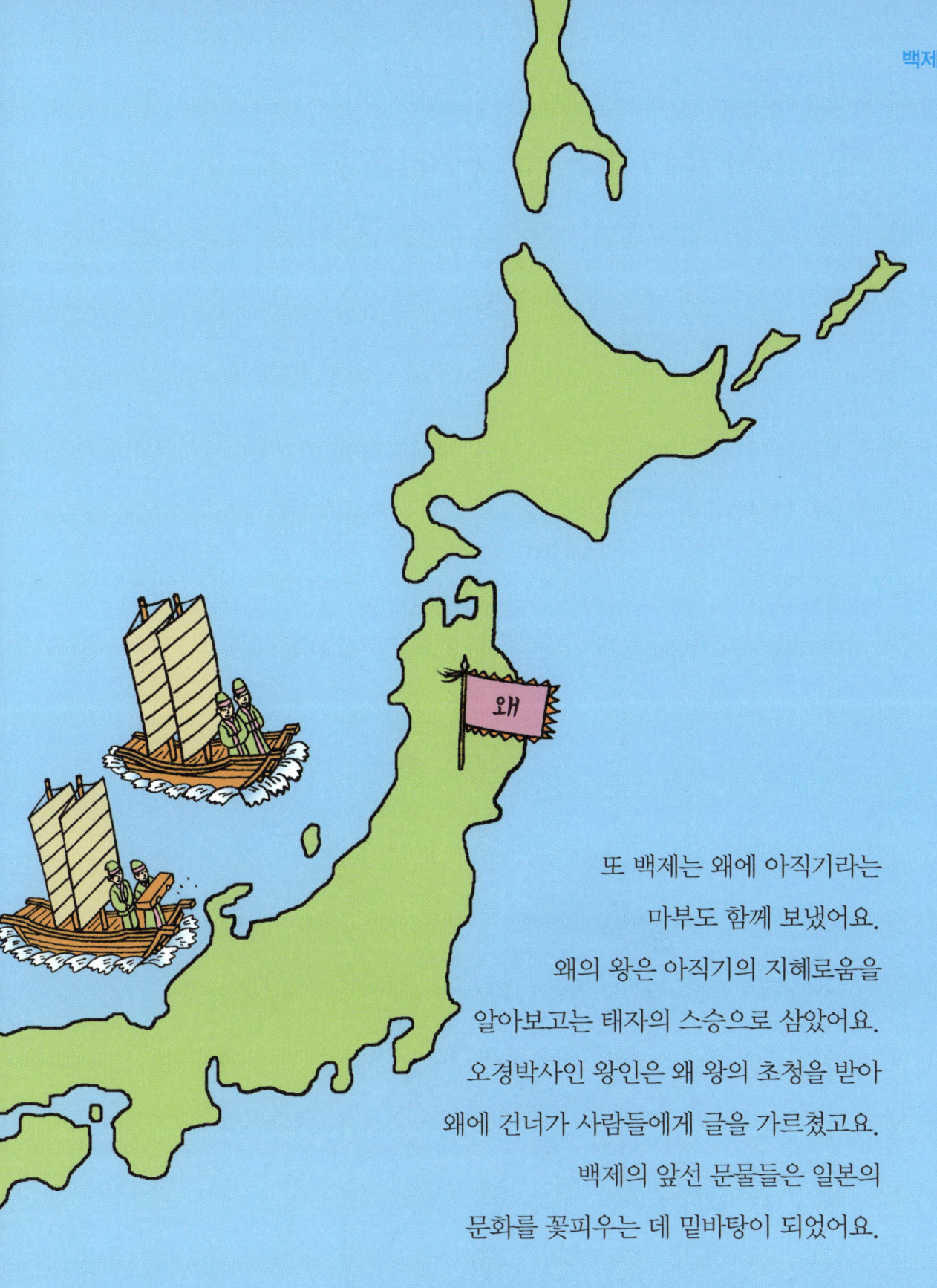

또 백제는 왜에 아직기라는 마부도 함께 보냈어요. 왜의 왕은 아직기의 지혜로움을 알아보고는 태자의 스승으로 삼았어요. 오경박사인 왕인은 왜 왕의 초청을 받아 왜에 건너가 사람들에게 글을 가르쳤고요. 백제의 앞선 문물들은 일본의 문화를 꽃피우는 데 밑바탕이 되었어요.

백제에 위기가 닥쳤어요!

한강 지역을 빼앗긴 백제

백제의 근초고왕이 고구려의 고국원왕을 죽이자,
고구려는 깊은 원한을 품고 호시탐탐 백제를 노렸어요.
결국 고구려는 백제의 북쪽 땅에 쳐들어갔고,
그때부터 백제는 고구려와 밀고 당기는 싸움을 펼쳐야 했어요.
백제의 아신왕은 야심만만하게 고구려와의 전쟁을 준비했지만,
광개토대왕을 이기기는 어려웠어요.
백제는 온 힘을 다해 끝까지 고구려에 맞섰지만,
결국 한강 북쪽의 땅은 모두 고구려 손에
넘어가고 말았답니다.

백제

신라와 손을 잡은 백제

백제는 고구려와의 전쟁에서 잇따라 지자, 고구려에 맞설
방법을 궁리했어요.
그중 하나가 다른 나라와 힘을 합치는 것이었지요.
그동안 중국의 송나라, 왜와 손을 잡아 왔던 백제는 비유왕 때
이르러서는 사이가 좋지 않았던 신라와도 힘을 모으기로 했어요.
마침 신라는 고구려의 지나친 간섭 때문에 골치를 앓던 터라
기꺼이 백제와 손잡고 고구려에 맞서기로 했어요.

도읍지마저 빼앗겼어요!

백제가 신라와 손을 잡자 고구려는 몹시 못마땅했어요.
그래서 백제의 개로왕이 바둑을 무척 좋아한다는 사실을 알고
바둑을 잘 두는 도림이라는 승려를 백제에 첩자로 보냈어요.
도림은 뛰어난 바둑 실력으로 개로왕의 마음을 단번에 사로잡았어요.
개로왕은 도림의 말이라면 무엇이든 믿게 되었지요.
그러자 도림은 개로왕을 구슬리기 시작했어요.
"성을 쌓고 큰 궁궐을 지어야 다른 나라에서 백제를 얕보지 못할 것입니다."

★**첩자** 한 나라의 비밀을 몰래 알아내어 대립 관계에 있는 나라에 알려 주는 사람을 말해요.

백제

도림의 말에 귀가 솔깃해진 개로왕은 새롭게 성을 쌓고 화려한 궁궐을 지었지 뭐예요. 당연히 나라의 살림이 기울고, 백성들의 불만은 쌓여만 갔지요.
　　이 기회를 틈타 고구려의 장수왕이 군사를 이끌고 백제를 쳐들어가자, 개로왕은 고구려군에게 잡혀 죽임을 당하고 도읍지마저 빼앗겼어요.

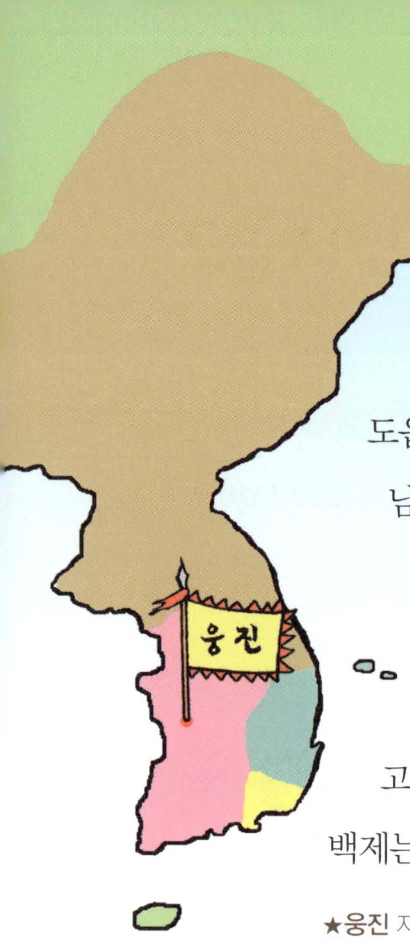

다시 일어선 백제

백제의 새로운 도읍지, 웅진

도읍지를 빼앗기고 왕까지 잃은 백제는 하는 수 없이 남쪽의 웅진으로 도읍지를 옮겼어요. 웅진은 북쪽으로는 커다란 금강이 흐르고, 동서를 가로지르는 차령산맥 줄기를 따라 크고 작은 산들이 솟아 있는 곳이었어요. 고구려가 다시 공격하더라도 막아 내기 좋은 조건이었지요. 백제는 도읍지를 웅진으로 옮기면서 튼튼한 공산성을 쌓았어요.

★웅진 지금의 공주예요.

음, 튼튼한 공산성도 쌓았으니, 안심이야!

공산성

백제를 다시 일으켜 세운 무령왕

고구려를 피해 웅진으로 도읍지를 옮겼지만, 혼란은 계속되었어요.
귀족들이 서로 권력을 차지하기 위해 치열하게 다투었거든요.
이러한 싸움을 정리하고 왕위에 오른 사람이 바로 무령왕이에요.
무령왕은 백제의 힘을 키우기 위해 중국과 좋은 관계를 맺었어요.
왜, 신라와도 관계를 더욱더 탄탄하게 다졌고요.
또 왕족을 지방으로 보내 백성들이 편안하게
생활할 수 있도록 했으며,
고구려를 공격하여 승리하는 등
백제를 다시 일으켜 세웠어요.

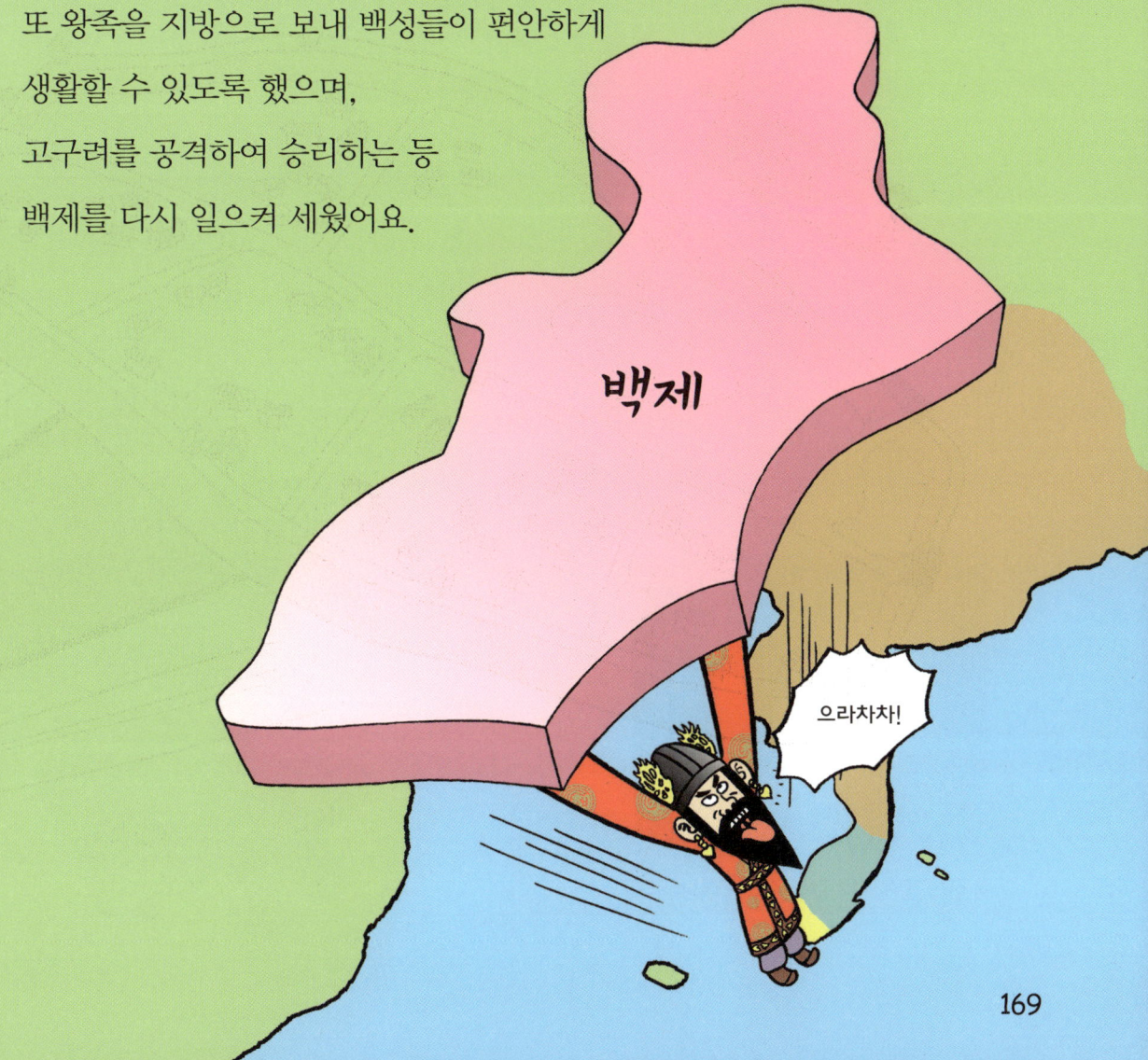

무령왕릉 한눈에 들여다보기

충남 공주시 송산리에는 왕들이 묻힌 것으로 보이는 무덤 여러 개가 모여 있어요. 1971년 7월 이곳의 한 무덤에서 1,500여 년 동안 땅속에 묻혀 있던 유물들이 발견되었어요.
이 무덤의 주인은 바로 무령왕과 왕비였어요. 무덤 주인의 이름이 적혀 있는 네모난 지석 덕분에 밝혀진 사실이에요.
==무령왕릉==은 벽돌을 쌓아 만든 무덤으로, 중국의 영향을 받은 거예요. ==다른 나라의 문물을 받아들여 자신들만의 방식으로 표현한 백제 사람들의 개방적인 태도를 엿볼 수 있어요.==
무령왕릉 안에서는 중국에서 들어온 청자 항아리, 청동 거울, 중국 돈 등도 발견되었어요.
그리고 왕과 왕비의 관 꾸미개를 비롯해서 금으로 만든 뒤꽂이, 청동 다리미, 금귀고리 등 백제에서 만든 유물도 많이 발견되었어요. 이 유물들은 백제가 금, 은과 같은 금속을 다루는 기술이 발달한 나라였음을 보여 주지요.

▲무덤의 주인을 알려 주는 단서가 된 지석

▲무덤을 지키는 상상의 동물인 진묘수

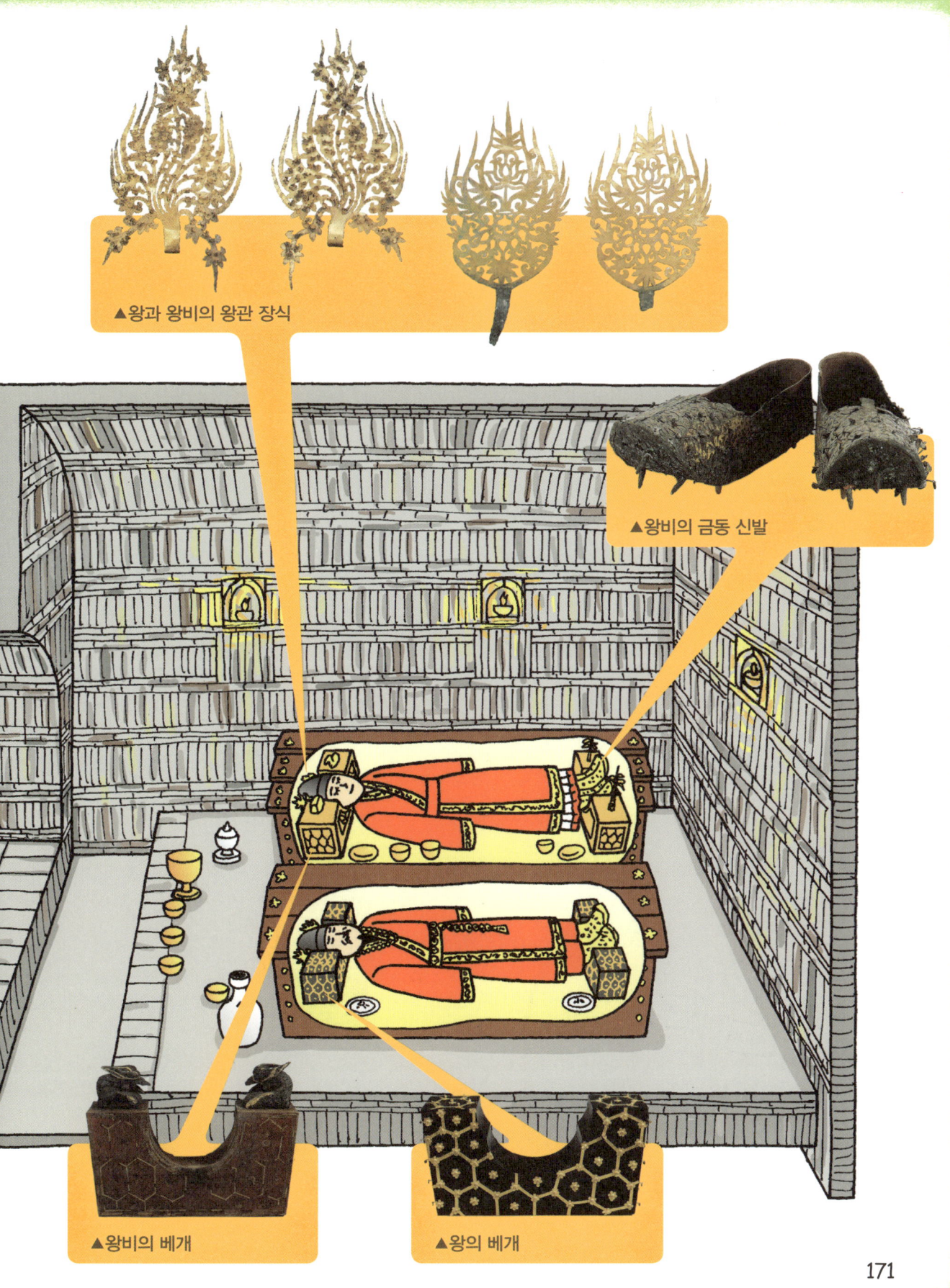

▲ 왕과 왕비의 왕관 장식

▲ 왕비의 금동 신발

▲ 왕비의 베개

▲ 왕의 베개

또 한 번의 영광을 꿈꾸는 백제

무령왕의 아들 성왕이 왕의 자리에 올랐어요.
성왕은 백제의 힘을 더 키우기 위해 남쪽에서 세력을 넓히던
가야 땅의 일부를 차지하며 계속해서
가야를 압박했어요.
자신감을 되찾은 성왕은 새로운 나라를
꿈꾸며 사비˟로 도읍지를 옮겼어요.
사비는 농사지을 땅이 넓은 데다가
바다를 통해 다른 나라들과
교류하기에도 좋았어요.

★**사비** 지금의 부여예요.

음, 사비가 딱이군.

도읍지를 옮긴 성왕은 나라 이름을 '남쪽의 부여'라는 뜻으로
'남부여'라고 불렀어요.
또 행정 조직을 제대로 갖추고 도시계획을 세우는 등 나라의 기틀을
새로 정비하는가 하면 신라와 손을 잡고 고구려를 공격해
빼앗겼던 한강 지역을 되찾기도 했어요.
성왕의 노력 덕분에 백제는 다시금 이전의 영광을
꿈꿀 수 있었지요.

백제가 남긴 빛나는 문화

왜에 전해진 정림사지 오층석탑

제2의 전성기를 맞이한 백제는 중국, 왜와도 친하게 지내며 새로운 문화를 꽃피웠어요.
왜에 불교를 전해 주고 절과 탑을 만드는 기술자들도 보내 주었지요.
특히 왜의 호류 사에 있는 오층목탑에는 백제 정림사지 오층석탑의 모습이 고스란히 담겨 있어요.
신비스러운 미소를 띤 호류 사의 백제관음상 또한 백제의 기술자가 왜에 건너가 만든 불상이지요.

정림사지 오층석탑

호류 사 오층목탑

이게 바로 원조요!

음, 그렇군요. 두 개가 비슷해 보이므니다.

백제

백제의 미소, 서산마애삼존불상

백제는 왕족부터 백성에 이르기까지 불교를 사랑했어요.
그래서 백제 사람들은 부처에 대한 믿음을
뛰어난 조각이나 조형물로 표현했지요.
서산의 한 골짜기 바위에는 세 명의 부처를 새겼는데,
이 불상이 바로 '서산마애삼존불상'이에요.
가운데 본존불의 웃음이 온화하고
넉넉한 부드러운 분위기를 풍겨요.
왼쪽에 새겨진 불상의 미소 역시
너그러우며, 맨 오른쪽 불상은
천진난만한 아이의 표정을
하고 있어요.

이게 바로 백제 스타일!

서산마애삼존불상

백제의 혼이 깃든 금동대향로

금동대향로는 제사를 지낼 때 향을 피우는 그릇이에요.
금속을 흙 주무르듯이 빚어서 만들어 낸 것으로, 이 향로를 보면
백제 사람들이 금속을 다루는 솜씨가 얼마나 뛰어났는지 알 수 있어요.
전체적인 형태는 용 한 마리가 연꽃 봉우리를 받치고 있는 모습이에요.
맨 꼭대기에는 여의주를 품은 채 꼬리를 높게 치켜든 봉황, 그 아래로는
울쑥불쑥 솟은 산봉우리에 물결무늬와 연꽃무늬가 넘실대고 있어요.
그 사이사이로는 사람들과 각종 동물이 보이고요.
이 조각들에는 백제 사람들이 바라는
세상이 담겨 있어요.

백제금동대향로

백제와 신라의 관계가 깨졌어요

한강을 빼앗긴 성왕

고구려에 맞서 백제와 함께 힘을 모았던 신라의 진흥왕이 한강 지역을 다시 빼앗으면서 백제와 신라의 관계가 깨지고 말았어요.
한강을 되찾기 위해 기회를 엿보던 성왕이 먼저 신라를 공격했지만, 오히려 신라군에 잡혀 죽임을 당하고 말았답니다.
이제 백제의 목표는 단 하나, 신라를 무너뜨리는 것이었어요.

성왕의 원수를 갚은 무왕

무왕은 어느 왕보다도 신라를 무너뜨리는 데 온 힘을 기울였어요.
왕이 되면서부터 적극적으로 신라를 공격하더니
마침내 신라의 여러 성들을 빼앗고 영토도 넓혔지요.
이러한 무왕이 아름답기로 소문난 신라의 선화공주를 꾀어내
결혼하고, 선화공주의 부탁으로 미륵사를 짓고
미륵사 석탑을 세웠다고 해요.
하지만 당시 백제와 신라의 사이를 봤을 때
무왕과 선화공주 이야기, 미륵사 석탑에
관한 이야기가 정말 있었던 일인지는
아무도 모르지요.

미륵사지 석탑 복원품

당나라와 손잡고 백제를 공격한 신라

신라와의 전쟁이 한창일 때 의자왕이 왕위에 올랐어요.
의자왕은 신라를 공격해 몇 번이나 승리를 거두었어요.
죄수를 풀어 주고, 좋은 정치를 베푸는 등 백성들의 인심도 샀고요.
하지만 점점 자만에 빠져 흥청망청 즐기는가 하면, 신하들의 충고도
귀담아듣지 않았어요.
그러는 사이 신라가 당나라와 손잡고 백제를 공격해 왔어요.
이제 백제는 두 나라의 침입을 막아 낼 힘이 없었어요.

백제에 드리운 마지막 기운

마지막까지 신라에 맞서 치열하게 싸운 사람은 백제의 계백 장군이에요.
황산벌에서 신라군과 맞선 계백 장군과 백제의 군사들은
처음에는 죽기 살기로 싸워 승리를 거두었어요.
하지만 머릿수가 열 배나 많은 신라군을 당해 낼 수가 없었지요.
결국 싸움에서 진 백제는 사비성을 빼앗기고 멸망했답니다.

백제

백제가 망한 뒤 여기저기에서 다시 백제를 세우려는 운동이 벌어졌어요.
백제의 흑치상지 장군이 신라와 당나라군을 공격하는가 하면,
무왕의 조카인 복신과 승려 도침은 왜에 잡혀갔던 의자왕의 아들을
왕으로 삼아 백제를 다시 세우려고 했지요.
그러나 안타깝게도 이런 노력들은 모두 실패하고
백제는 역사 속으로 사라졌어요.
백제 사람들은 당나라나 왜로 건너가거나 신라의 백성이 되었답니다.

역사 놀이터

백제 사람들이 일본에 다양한 문화를 전파하는 모습이에요. 두 그림에서 다른 부분을 다섯 군데 찾아 ○ 하세요.

 # 정답

▼ 58~59쪽

▼ 92~93쪽

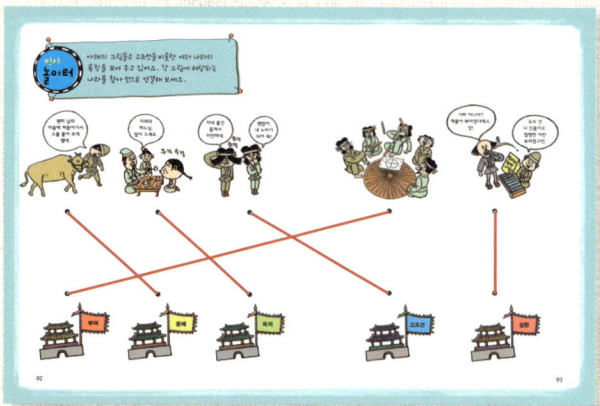

▼ 144~145쪽

▼ 182~183쪽

2권에서 만나요!

〈그림으로 보는 한국사〉 시리즈는 전 5권입니다.

1권   선사 시대부터 백제까지
2권   신라부터 발해까지
3권   고려 전기부터 고려 후기까지
4권   조선 전기부터 조선 후기까지
5권   조선의 개항부터 현대까지

그림으로 보는 한국사

선사 시대부터 대한민국까지

● 기원전
● 기원후

선사 시대
약 70만 년 전	구석기 시대 시작
8000년경	신석기 시대 시작
2333	고조선 건국(삼국유사)
1000년경	청동기 시대 시작

움집
청동기 시대 족장
단군, 고조선 건국

고조선
400년경	철기 시대 시작
194	위만, 고조선의 왕이 됨.
108	고조선 멸망

삼국 시대
57	신라 건국
37	고구려 건국
18	백제 건국
42	금관가야 건국
313	고구려, 낙랑군 정벌
372	고구려에 불교 들어옴.
384	백제에 불교 들어옴.
427	고구려, 평양으로 도읍 옮김.
433	나·제 동맹 성립
475	고구려, 백제 한성 점령
527	신라, 불교 공인(이차돈의 순교)
538	백제, 사비성으로 도읍 옮김.
551	백제, 한강 유역 되찾음.
552	백제, 일본에 불교 전함.
612	고구려, 수나라군을 물리침(살수 대첩)
645	고구려, 당나라군을 물리침(안시성 싸움).
660	백제 멸망
668	고구려 멸망

주몽, 고구려 건국
박혁거세 신라 건국
첨성대
우리 백제에는 성도 두 개!
온조, 백제 건국
금관가야 토기

남북국 시대
676	신라, 삼국 통일
685	신라, 9주 5소경 설치
698	발해 건국
751	신라, 불국사와 석굴암을 세움.
900	견훤, 후백제 건국
901	궁예, 후고구려 건국
918	왕건, 고려 건국
926	발해 멸망
935	신라 멸망

신라가 삼국을 통일했다!
발해 금동관음보살
불국사

고려 시대
936	고려, 후삼국 통일
1019	강감찬, 거란을 물리침(귀주 대첩).
1107	윤관, 여진 정벌
1126	이자겸의 난
1135	묘청의 난, 서경 천도 운동
1170	무신 정변
1176	망이·망소이의 난
1196	최충헌 집권
1198	만적의 난
1231	몽골의 1차 침입
1232	강화도로 도읍 옮김, 몽골의 2차 침입
1234	금속 활자로 〈고금상정예문〉 인쇄
1236	〈팔만대장경〉 새김(~1251).
1270	개경으로 도읍을 다시 옮김, 삼별초 항쟁
1359	홍건적의 침입(~1361)
1365	공민왕, 신돈 등용
1376	최영, 왜구 정벌
1377	최무선, 화약 무기 제조(화통도감 설치), 〈직지심체요절〉 인쇄
1388	위화도 회군
1392	고려 멸망

왕건, 고려 건국
어딜 도망가!!
귀주대첩
팔만대장경
이건 아니야. 나 돌아갈래!
위화도 회군

조선 시대
1392	조선 건국
1394	한양으로 도읍 옮김.
1413	조선 8도의 지방 행정 조직 완성, 〈태조실록〉 편찬, 호패법 실시
1416	4군 설치(~1443)
1434	6진 설치(~1449)
1441	측우기 제작
1446	훈민정음 반포
1485	〈경국대전〉 펴냄.
1506	연산군 폐위, 중종반정
1592	임진왜란(~1598)
1608	경기도에 대동법 실시
1610	허준, 〈동의보감〉 완성
1623	인조반정

조선의 새 도읍은 한양이다!
측우기
한양으로 도읍 옮김
세종대왕, 훈민정음 반포
이건 기억!

시대	연도	사건
조선 시대	1636	청나라의 침입(병자호란)
	1678	상평통보 만듦.
	1696	안용복, 독도에서 일본인 쫓아냄.
	1708	전국적으로 대동법 실시
	1725	탕평책 실시
	1750	균역법 실시
	1776	규장각 설치
	1784	이승훈, 천주교 전파
	1796	수원 화성 완성
	1801	천주교 탄압(신유박해)
	1811	홍경래의 난
	1860	최제우, 동학 창시
	1861	김정호, 대동여지도 제작
	1865	경복궁 중건(~1872)
	1866	천주교 탄압(병인박해), 프랑스와 전쟁(병인양요)
	1871	미국과 전쟁(신미양요), 흥선 대원군 척화비 세움.
	1875	운요호 사건
	1876	일본과 강화도 조약 맺음.
	1881	별기군 창설, 무위영에 속하게 함.
	1882	임오군란, 미국·영국·독일 등과 통상 조약 체결
	1883	〈한성순보〉 발간, 전환국 설치, 태극기 사용
	1884	우정국 설치, 갑신정변
	1894	동학 농민 운동, 갑오개혁
	1895	을미사변, 유길준, 〈서유견문〉 지음.
	1896	아관파천, 독립 협회 설립, 〈독립신문〉 발간
대한 제국	1897	대한 제국 선포
	1898	만민 공동회 개최
	1904	한·일 의정서 맺음.
	1905	을사늑약, 동학의 이름을 천도교로 바꿈.
	1906	대한 자강회 결성
	1907	국채 보상 운동, 헤이그 특사 파견, 고종 황제 퇴위(순종 황제 즉위), 신민회 설립
	1908	일본, 동양 척식 주식회사 설립
	1909	안중근, 이토 히로부미 사살
일제 강점기	1910	일본에 주권을 빼앗김, 조선 총독부 설치
	1912	일본, 토지 조사 사업 시작
	1919	2·8 독립 선언, 3·1 운동, 대한민국 임시 정부 수립
	1920	봉오동 전투, 청산리 대첩
	1922	어린이날 제정
	1926	6·10 만세 운동
	1927	신간회 결성
	1929	광주 학생 항일 운동
	1932	이봉창·윤봉길 의거
	1936	손기정, 베를린 올림픽 대회 마라톤 우승
	1940	민족 말살 정책 강화, 한국 광복군 결성
	1941	대한민국 임시 정부, 대일 선전 포고
	1942	조선어 학회 사건
대한민국	1945	8·15 해방
	1946	제1차 미·소 공동 위원회 개최
	1947	제2차 미·소 공동 위원회 개최, 유엔 한국 임시 위원단 결성
	1948	5·10 총선거 실시, 대한민국 정부 수립, 조선 민주주의 인민 공화국 수립
	1950	한국 전쟁이 일어남.
	1953	휴전 협정 체결
	1960	4·19 혁명이 일어남.
	1961	5·16 군사 정변이 일어남.
	1962	제1차 경제 개발 5개년 계획
	1965	한·일 협정 체결
	1966	한·미 행정 협정 체결
	1967	제2차 경제 개발 5개년 계획
	1968	1·21 사태, 국민 교육 헌장 선포
	1972	제3차 경제 개발 5개년 계획, 7·4 남북 공동 성명, 10월 유신
	1973	6·23 평화 통일 선언
	1977	제4차 경제 개발 5개년 계획, 한국 등반대 에베레스트 등반 성공
	1979	10·26 사태
	1980	5·18 민주화 운동
	1987	6월 민주 항쟁
	1988	제24회 서울 올림픽 개최
	1991	남북한 유엔 동시 가입
	1992	중국과 국교 수립
	1994	북한, 김일성 사망, 정부 조직 개편
	1995	지방 자치제 실시
	2000	남북 정상 회담, 6·15 남북 공동 선언
	2002	한·일 월드컵 대회 개최
	2007	반기문 유엔 사무총장 취임
	2010	G-20 정상 회담 개최, 한미 FTA협정 체결
	2012	여수세계박람회, 18대 대통령 선거